なぜ「政治とカネ」を告発し続けるのか

議会制民主主義の実現を求めて

憲法学者が
刑事告発・提訴する理由

抵抗権行使としての
新たな市民運動

近年の刑事告発と
市民による告発

上脇博之
(神戸学院大学法学部教授・憲法学)

日本機関紙出版センター

はじめに

私は〝憲法研究者〟です。世間では一般に〝憲法学者〟と表現していますが、それでも〝憲法研究者〟と自認しています。

もう何年も前に面識のある某労働組合の役員の方から「政治学者だと思っていました」と言われて談笑したことがあります。大臣や国会議員ら政治家（政治屋）の「政治とカネ」問題等に関し、私のコメントが報道で紹介されるからでしょう。

私は政治家の「政治とカネ」事件について検察庁に刑事告発し、あるいは国を相手に情報公開等の訴訟を提起してきました。「政治資金オンブズマン」「憲法改悪阻止兵庫県各界連絡会議」（兵庫県憲法会議）など複数の市民運動にも参加してきました。だからでしょうか、インターネット上では、「どうして憲法学者が刑事告発するんだ？」「この大学は活動家を雇っているのか！」という趣旨のことが書かれたときもありました。「学者は研究室で論文を書いているだけだろう」と思っておられる方々も少なくはないでしょうから、そのように思われる方があるのでしょう。刑事法研究者であれば当然刑事告発するというわけではありません。刑事法が専門ではない私が刑事告発するのも不可解だと思われても仕方ないのかもしれません。

一般論としては、刑事告発、訴訟の提起（提訴）、そして市民運動も、誰にでもできるわけですから、憲法研究者であっても当然できます。私以外にも同様のことをされている憲法研究者はいらっしゃいます。特に憲法は国家権力などの公権力の暴走に歯止めをかける法なので、憲法研究者が政府、大臣や国会議員の暴走に歯止めをかけるために提訴や刑事告発をするのは、不自然なことではありません。

とはいえ、私の呼びかけに応じて何度も刑事告発されている研究者の方はおられるものの、氏名を公表しておられない方ばかりなので、世間ではご存じないでしょう。あえて氏名を公表して頻繁に刑事告発や提訴をする憲法研究者がほかに見当たりません。市民運動に参加している憲法研究者は少なくありませんが、憲法研究者全員が様々な市民運動に参加しているわけでもありません。そうすると、現実には前述の一般論としての説明だけでは理解していただけないでしょう。

私の動機又は理由は一言で説明できないほど複雑です。そのうち、学問上も実践上も私が影響・刺激を受けた多くの方々との出会いは極めて重要です。中でも刑事告発や提訴については、私の能力を超える活動・運動なので、ある社会派弁護士さんのお誘いによる市民運動団体の結成がなければ、今の私の活動・運動はなかったと言っても過言ではないのです。言い換えれば、私の活動・運動は法律家による市民運動の一部にすぎないのです。にもかかわらず、私が独りで奮闘していると善意で誤解されている方もおられるようなので、その〝美しい誤解〟についても解かないといけません。

研究者なので一般市民向けのブックレットを出版することもあるのですが、実はそれも活動・運動の一環として位置づけられますし、また、お誘いを受けた出版には大学時代の出会いが大きく関係しています。

報道機関の取材に応じてコメントすることについては、他の研究者の方々も応じておられるので、あえて説明する必要はないのかもしれませんが、研究者であっても、報道機関に取材に応じない方もおられるので、この点も簡単に説明した方が良いのかもしれません。

理論的には、学問に対する姿勢、個々・具体的な研究対象、憲法論や民主主義論、政治に関する現状認識が深く関係しています。本書のサブタイトルに「議会制民主主義の実現を求めて」と明記しました。「議会制民主主義の回復」ではなく、「議会制民主主義の実現」としたのは、〝日本国憲法の議会制民主主義はいまだに実現していない〟と考えているからです。「戦後の日本は議会制民主主義の国だ」と思っておられる方々が多いのではないかと思いますので、私の理解する「日本国憲法の議会制民主主義」とは何か詳しく説明する必要がありそうです。

以上の説明をしようとすると、1冊の書籍を要するかもしれません。そう思っていたところに本書の出版のお誘いを受けました。ありがたいことです。

憲法研究者である私が、なぜ頻繁に刑事告発し、あるいはまた複数の提訴をするのか、どのような出会いがあって、複数の市民運動に参加しているのか、市民向けブックレットを執筆して出版しているのか、報道機関の取材に応じているのか、それらの動機・理由等について、私の人生観・人生哲学も含めて記しますので、最後までお付き合いください。

目次

第3部　近年の刑事告発と市民による告発

第1章　政治資金の〝収入〟問題の告発

第1部

憲法学者が刑事告発・提訴する理由

第1章　研究者になるまで

第1節　大学受験浪人生活

◆叔父の特攻隊での体験談

私（1958年〜）は今年7月で65歳。これまで生きた年月よりも、これから生きる年月の方が短いのは確実でしょう。50歳を過ぎた頃から何となく感じていたことではありますが、今しみじみ、そう思います。医療制度の高齢者区分によると「前期高齢者」になったわけです。この呼称がどこまで科学的な概念なのか甚だ疑問ですが、いずれにせよ「前期高齢者」と呼ばれる年齢になりました。

「前期」なので「後期」の方々よりも若いのでしょうが、「記憶力が良かった時代があったのかさえ記憶していない」ほど今の私は記憶に自信はありません。それは「前期高齢者」になる前からのことです。そのような私が〝記憶〟に頼り、でも不安なので〝記録〟があればそれに基づき、私の過去を振り返ります。

私の父親（1926年〜2019年）は1926年1月1日、鹿児島県始良《あいら》郡隼人町（現在の霧島市隼人町）生まれ。2019年に93歳で死去しました。その父の父（祖父。1897年〜1957年）は、小さな運送業を営んでいたそうですが、大きな運送会社の進出で倒産し、たぶんその後は農業を営んでいたのでしょう。父は地元の尋常小学校を卒業した後「進学したかった」そうですが、貧しかったが故に進学できず就職したそうです。日本が侵略戦争の末に敗戦を迎えた1945年8月は19歳。戦争中、父は徴兵されたものの、海外の戦地には派兵されないまま敗戦を迎えたそうです。

戦後は某電力会社に勤めていました。加入していた労働組合は旧同盟系。旧総評系の組合員で町議会議員がおられたのですが、その方を落選させるために、父に町議会選挙に立候補するよう要請があったものの、父は断ったそうです。私が大学に入学してからは、しばしば政治論議で対立しました。父は退職後、何を思ったか転向し、私に接近したようです（笑）。

あるとき、父から「弟（叔父）は志願して特攻隊に入隊した」と聞かされたように記憶しています。叔父は鹿屋基地から特攻出撃。出撃前夜に父は叔父と焼酎を呑んだそうですが、翌朝叔父は父に顔を合わさずに出撃。辛いので、あえてそうされたのでしょう。その叔父は、ゼロ戦で基地を飛び立ったものの、ゼロ戦の不具合でどこかに不時着して、木の根や小動物を食べて生き延びて、戦後は反戦の立場に転向したというのです。

その叔父が父に、もう一つ、特攻隊での悲惨な出来事を話したそうです。一人の特攻隊員がゼロ戦で特攻出撃したものの、怖くて戻ってきたのですが、上官に「怖かったから戻ってきた」とは口が裂けても言えないので、「ゼロ戦の機体に不具合があったから」という趣旨の言い訳をしました。それを聞いたゼロ戦の整備兵が「俺の整備に問題はない」と言って、日本刀でその言い訳をした特攻隊員を切り殺し、自らそのゼロ戦に乗り込み特攻して亡くなったのです。父が叔父から聞いた話なので、どこまで正確なのか不明ですが、特攻隊員の悲劇を教えられました。

その叔父は、戦後何度が転職しておられ、三池炭鉱で働いていたときもありました。母（1926年～2012年）の話によると、そのとき叔父は炭鉱事故で被災し入院して治療を受けていました。その事故が1962年の爆発事故かどうか未確認ですが、父は休職して叔父を見舞い、看病しました。その期間は、職場の同僚が心配するほどの長い期間だったそうです。

その叔父は、その後どうされたのか、私は詳細を知らないのですが、大阪府門真市内に在住されていました。某政党の機関新聞で私のコメントが紹介されると、その記事を読んだと言って電話をくださったことがありました。そして叔父は父よりも先に死去されました。

◆小中高校時代

某電力会社に勤めていた父は、鹿児島県姶良郡内の営業所（当時）に配属されていましたので、転勤がありました。鹿児島県姶良郡隼人町（現在の霧島市隼人町）内の港（隼人港）は、1866年に坂本龍馬・お龍夫妻が霧島山へ向かったときに上陸したと言われる港です。家族がその近くの神社（熊野神社）の隣にあった浜ノ市営業所・社宅（当時）に住んでいた1958年に、私は誕生しました。

幼稚園に入園する前に引越したのですが、母が言うには、当時、「（富隈）幼稚園に行きたい」と言って、弁当を作ってもらって出かけていたそうです。幼稚園にたどり着いていたのかどうか……。

家族は同町内の国鉄（現在のＪＲ）の隼人駅と鹿児島神宮の中間辺りにあった、父方の祖母（1899

年～1988年）の自宅（いわゆる実家。炭鉱で働いていた叔父が戻って来られて建てられた新築）に引越して同居し、最寄りの寺院（遍照寺）の経営する幼稚園に通い始めましたが、その後父が転勤となり幼稚園の途中から始良郡福山町（現在の霧島市福山町）内の牧之原営業所・社宅（当時）に引越しました。

１９６５年４月に入学した町立牧之原小学校では、児童会の役員を決めるために生徒数名が立候補し、「演説」らしきものをして、全生徒ではないものの少なくとも中高学年の生徒が投票していました。私も立候補「演説」し生徒会長に人選されました。当時の教師の先生方のお陰だろうと推察していますが、小学校時代に「演説内容」がどれほど投票行動に影響したのか定かではないので民主主義とは明言できないものの、民主的な人選方法を体験していたようです。

小学校を卒業すると、私は家族から離れ、隼人町姫城山野に住む母方の祖母（1904年～1982年）の自宅（いわゆる実家）でお世話になり、祖母との２人暮らしになり、１９７１年４月から町立日当山中学校に通いました。理由は二つ。一つは、祖父（1903年～1970年）が亡くなり祖母が一人暮らしで寂しく暮らしていたこと。もう一つは父の転勤がそろそろありそうなので、私が中学校を途中転校するのを避けるためでした（現に1年半後に父は転勤し家族は霧島町田口の霧島中学校近くの営業所・社宅（当時）に引越したため、弟（1961年～）は小学6年生の途中で転校しなければなりませんでした）。

祖母の家の半分は木工所になっており、そこでは、毎日のように叔父（母の弟。1931年～2015年）

が建具を製造していました。ですから、中学時代は毎日のように会っており、「ただいま」と言って帰宅すると叔父が出迎えてくれるような状態でした。

私は高校受験には失敗することなく、どうにか県立加治木高等学校普通科に合格。高校進学と同時に、祖母のすぐ近くに家を建てた叔父の御宅にお世話になることになりました。１９７４年４月に入学した加治木高校はいわゆる進学校。私の成績は入試では中くらいだったようです。２年生から文系のトップクラスでしたが欠席が多く、そのため成績が落ち、３年生の時には別のクラスになりました。叔父の御宅から自転車で日当山駅まで行き、汽車で加治木駅まで行き、徒歩で加治木高校に通いました。

中学・高校時代に観たテレビドラマで記憶に残っている番組は、アメリカのテレビ映画で、日本で吹き替え放送された「刑事コロンボ」でした。このドラマの特徴は、コロンボが拳銃を使用せず銃の打ち合いのシーンもないこと、刑事らしくはなくヨレヨレのコートを着用しポンコツの自家用車に乗っていたこと、視聴者には犯人が初めからわかっていること。私の最大の関心事は、犯人が一般庶民ではなく、社会的に地位のある人物あるいは権力者であることで、コロンボの上司が犯人というときもあり上司を逮捕するというように、そこには忖度も隠蔽もなかったのです。再放送があると観てしまいます。

〝読書家〟と自慢できるほど書物を読んでいたという記憶はありません。小学校時代には教科書以外に学習雑誌を読んだように記憶していますが、それ以外で読書家と自慢できるほど活字と共に生活した記憶はありません。

ただ、何故か高校生の時に「心理学」に興味をもったようで、その関係の書物を数冊読んだような……。引越しの繰り返しと進学により友人とそれを巡る友人関係が大きく変わる中で、「他人の心が読めたら良いのになぁ」と夢想したのでしょう。もっとも、何を血迷ったのか手相や姓名判断などの本を読んだ時期があり、高校の文化祭の時に手相をみて姓名判断をしたことがありました。今では全く占いに興味がないどころか、むしろ非科学的なので避けているくらいですが、判断能力の未熟さの現れだったのでしょう。とはいえ、それはその後「哲学」への興味に大きく変わるので、その前兆として彷徨っていたのかもしれません。

◆大学受験浪人時代

私の読書における大きな転機は大学受験浪人時代。その頃は麻雀を覚え、受験勉強よりも自宅や友人宅で麻雀三昧の日々でしたが、ある時、某大学に進学した麻雀友だちの一人がやって来て、某科目で読書感想文のようなレポートを書く課題が出たので、代わりに書いてほしいと言ってきたのです。代わりにレポートを書いたのか記憶が定かではないのですが、そのとき課題にあがっていた書物のうちの1冊を読んだのは記憶しており、その一読が書物を精読し始める大きなきっかけになりました。

その書物とは、椎名麟三『生きる意味』（現代教養文庫・1964年）。これをきっかけに、椎名麟三さんの他の書物も何冊か読みました。私は一人の書物を読むと同人の他の書物も読みたくなる性格のようです。また、その系統の著者の書物を読みました。キリスト教、マルクス主義の関係書物を乱読しました。振り返って自己分析すると、この頃から何となく「哲学」に関心を持ち始めていたようです。後述するように正義論に関心を抱くようになるのですが、社会科学にとって歴史学が如何に重要であるかも学習することになります。

もっとも、「哲学」関係の書物だけを読んだわけではありません。高校生の時の「国語」の授業で結核を患った正岡子規さん（1867年〜1902年）について学習した関係でしょうか、痰を切ると言われた糸瓜《へちま》に関する有名な〝絶筆三句〟を知り衝撃を受けたことを記憶しています。俳句、短歌についての才能はなかったので、生き様に感動しました。

小説も読みましたが、一時期だけでした。外国の文学、例えばドストエフスキーの小説はなかなか名前を覚えられず、しばしば挫折しました。

いずれにせよ、徐々に様々な書物を、あるときは乱読し、ある時は精読するようになりますが、明確に記憶に残る読み方をしてこなかったのが私の最大の反省点です。

◆少し歌詞に拘って

ところで、私は音楽の才能も音楽を理解する能力もありません。残念ですが、そう自信をもって言えます。例えば、クラシックについては「音楽」の授業で学習したはずですが、全く知識はなく、それを理解する感性もありません。知り合いに教えられたスメタナ「モルダウ」を思い出した時に聴く程度です。嫌いなわけではないのですが……。

楽器もまっとうに演奏できません。小学校の高学年の時、地区の演奏コンクールに出場しました。得意でもないのにクラスメートに推薦されてしまい木琴担当になりましたが、楽譜も読めませんでしたので、一人手の動きの違った私が足を引っ張ったと確信しています。また、高校生・大学受験浪人時代、フォークソングが好きになり、かぐや姫、ふきのとう、ＮＳＰなどを聴くようになり、吉田拓郎さんが作詞・作曲された「夏休み」をフォークギターで練習しましたが、素質がないようで長続きしませんでした。

私が高校在学中の１９７０年代中頃、フォークソングでは、吉田拓郎さんと井上陽水さんが注目されており、高校生の間でも拓郎派と陽水派があったのかもしれませんが、私は拓郎派でも陽水派でもありませんでした。というか、お二人の歌を聴くようになるのはもっと後です。

カーペンターズの音楽における曲と声が心地よくて聴いていましたが、あることをきっかけに、シンガーソングライターの小椋佳さんの音楽に夢中になっていました。そのきっかけとは、私が高校２年生の時に大学病院に検査入院している時に、同じように入院していた年上の別の高校生（浪人生だったか!?）が歌詞重視の方で、小椋佳さんの歌を聴いていると教えてくれたからです。その影響で私もその後、小椋佳さんの歌の曲・詞に魅了され始めます。

小椋さんのＬＰレコードに「残された憧憬～落書き～」というのがあり、その中に「飛べない蝙蝠《こうもり》」（作詞作曲／小椋佳）という歌があります。その詞は、人間の消極的な性格を書き綴ったものでした。

1番の終わりの歌詞
♪すぐに僕の中の　どこかでどうせ　ながつづきはしないと言う♪
2番の終わりの歌詞
♪すぐに気がつくだろう　空の上から　まいおりる場所もない♪
3番の終わりの歌詞
♪すぐに明日になれば　又別の事を　考えている僕だろう♪
私の性格の一面にある消極的な性格がそんな「飛べない蝙蝠」の歌詞を欲したのかもしれません。
小椋佳さんの歌には積極的な性格の歌詞の歌もあります。例えば、「モク拾いたちは海へ」(作詞作曲／小椋佳)では、
♪少年よ　君達もいずれ　僕達が気付いたように　夢の世界の旅の挫折を味わうことだろう　歴史は確かに幸せをばらまいてきたけれど　僕らの日々が輝いているわけではない♪
と語りながらも、
♪少年よ　君達に期待させてほしい　ここにとどまって新しい価値を生み出す者達よ♪
♪いつの日にか君達の創る　新しい国に呼び戻されることを　祈りながら♪
と他力本願的ではあるものの、将来への希望を語るのです。
さらに、「歓送の歌」(作詞作曲／小椋佳)では、
♪若いからじゃなくて　夢にいどむことで　僕達に別れはないという　心通えば♪

と「夢にいどむ」人生観を友人に贈るのです。

以上のように小椋佳さんの歌詞には、消極的な人生観から積極的な人生観の両面があり、大きな流れでいえば、前者から後者へと変わってきました。

小椋さんは人生と生き方を「坂道」に例えます。

「坂道」（作詞／小椋佳　作曲／井上陽水）では、

♪誰かが登り坂といい　誰かが下り坂という　僕にはどちらかわからない　僕にはわからない♪

と人生の道に迷っていましたが、

「もうと言い、まだと思う」（作詞作曲／小椋佳）では、

♪命の立ち位置　いつも坂道　もうと思えば　下り坂　まだと思えば　上り坂♪

と語り、間接的に「上り坂」という「夢にいどむ」人生観を語るのです。

もちろん、小椋さんの歌以外も聴きます。社会性という点では、アコーデオンで演奏される「がんばろう」（作詞／森田ヤエ子　作曲／荒木栄）が好きです。初めて聴いたのが、集会でアコーデオン演奏だったからなのか、私にも理由がわからないのですが、何故かアコーデオンで演奏される「がんばろう」が好きなのです。

また、メッセージソング、関西フォークに興味を抱きました。高田渡さんの「値上げ」（作詞／有馬敲　作曲／高田渡）「自衛隊に入ろう」（作詞作曲／高田渡）、加川良さんの「教訓」、高石ともや（友也）さんの「死んだ男の残したものは」（作詞／谷川俊太郎　作曲／武満徹）、岡林信康さんの「友よ」（作詞／鈴木孝雄・岡林信康

作曲／岡林信康）「山谷ブルース」（作詞作曲／岡林信康）「チューリップのアップリケ」（作詞／岡林信康・大谷あや子作曲／岡林信康）「私たちの望むものは」（作詞作曲／岡林信康）、五つの赤い風船「遠い世界に」（作詞作曲／西岡たかし）「血まみれの鳩」（作詞作曲／西岡たかし）など。

ただ、私は、もともと曲重視で、仕事をしながら時々ＢＧＭ代わりに聴くので、どうしても歌詞重視の音楽よりも、曲重視の音楽を聴くことになります。メッセージソングは仕事をしない時に歌詞を味わいながら聴いています。メッセージソングが流行らなくなった理由を解明したいと思っており、メッセージソングへの拘りはあります。

私が大学在学中、「哲学」や「法哲学」における正義論に関心を持った延長でしょうか、私は河島英五さんの「てんびんばかり」（作詞作曲／河島英五）が大好きになりました。

歌詞の前半では

♪何も解らない　何もわからないで僕はいる♪

と不可知論の連続ですが、後半の終わりの方では

♪てんびんばかりは重たい方に傾くに決まっているじゃないか　どちらも　もう一方より重たいくせに　どちらへも傾かないなんておかしいよ♪

と主張し、不条理を批判するのです。

ただ、ある時に、「〝てんびんばかり〟のような繊細過ぎる正義感の怖さ」を指摘する意見を知り、正義に関する冷静な議論が必要だと気づかされました。

第2節　大学生活

◆「哲学」の授業を単位取得後も聴講

大学受験では〝法学部〟を志望。なぜ法学部だったのか。司法試験に合格して、裁判官、検察官、弁護士のいずれかになろうと夢見たからなのでしょうが、正直言って明確に記憶してはいません。保守的な父親が「検察官の正義感らしきもの」を私に話していたように記憶していますが、必ずしも検察官になりたくて法学部を受験したわけではありませんでした。

大学受験して合格していた大学もありました。しかし、幾つかの事情もあり、予備校にも行かず自宅で受験浪人（宅浪）を3年間続けていました。その間、某大学の入学手続きを採って休学もしていました。「大学に行かないといけない」ということで、休学していた大学に復学する選択肢もありましたが、その大学は東京都内の私立大学でした。大阪府内に兄（1950年～）も叔父（母の弟。1941年～）も住んでいたことを重視して、1980年、合格した複数の中から関西大学法学部に入学することを決めました。

そして大学近くのアパートに住もうと決断。大学受験浪人時代は、母が病気だったこともあって少しは自炊できましたので、自炊できるアパートを探しました。アパートを紹介する大学の窓口に相談し、幾つかのアパートを紹介していただき、一つひとつアパートを見に行きました。その一つに決めようと返事をしに行ったところ、アパートの家主に「もう入居者が決まった」と返答されましたが、戻って確認すると、実際は決まっていませんでした。当時私がバンダナを鉢巻きのように頭に巻き、モミアゲとつながった頬髭を長くのばしていて人相が悪かったので、家主は嘘の理由で拒絶したのでしょう。それでも、二つめの自炊できるアパートを紹介してもらい、そこには拒否されずに入居できました。

こうして、鹿児島県姶良郡隼人町から大阪府吹田市内の関西大学近くの2階建てのアパート「高瀬荘」（同市千里山東）の1階の1室に引越し、「一人暮らし」をすることになりました（同アパートは現在ありません）。住人は基本的に大学生で、私を含め9名ほどが住んでいました。1階にはトイレ、お風呂があり、いずれも共同使用。ガスと流しもあり、そこで誰でも料理を作ることができました。

部屋の広さは6畳。部屋は1畳半と4畳半で構成。1畳半は寝床になるように1メートル近く高くしてあり、4畳半に炬燵、本棚、小さな冷蔵庫を置いていました。同じアパートに住んでいた先輩や友人らと一緒に食事をつくり、私の部屋で、しばしば「飲み会」をしていましたので、「一人暮らし」でしたが「独り暮らし」という意識はあまりありませんでした。アパート名のTシャツも作りました。政治の話題で盛り上がったときもありました。

同じアパートの住人だった先輩からは、霊感商法で被害者を出していた「世界基督教統一神霊協会」、いわゆる統一協会（2015年からは「世界平和統一家庭連合」）が勧誘に来るので「気を付けるように！」と助言を受けました。私の部屋で飲み会をしていると、統一協会の「信者」が勧誘に来ました。「世界平和のために」というので「ソ連にもあるのか？」と、ほんの少し議論したこともありました。

大阪府内に住んでいた兄や叔父（前掲）の御宅には、結構遊びに行きました。兄と叔父は労働者として革新的な思想を有しており政治の話をする機会に恵まれ、ノンポリの私の政治的思想の形成にとって多大な影響を受けました。

関西大学では、一部の科目以外はほとんど授業に出席せず、大学浪人時代の延長で人の2倍も3倍もお酒とマージャンに明け暮れていました。そんな不良学生の私が何を思ったのか、まじめに授業に出席していた科目がありました。その一つが、一般教養科目の「哲学」でした。その受講をきっかけに、私の読書はますます哲学者の書物又は哲学的な書物に傾斜して行きました。

当時受講した「哲学」の担当は、フランスの実存主義哲学のジャン・ポール・サルトルが専門の渡辺幸博教授（1928年〜）でした。授業では、アンガージュマン（社会参加）を説くサルトルの哲学以外も講義され、古代ギリシャ哲学からマルクス主義まで様々な哲学者の理論を学習しました。仏陀やイエス・キリストについても取り上げておられたように記憶しています。

デカルトは「すべてを疑う」ことを説き、自分が存在することまで疑い、疑っている自分は存在するとして「我思う、故に我在り」という存在論を説きましたが、疑わなくてもデカルトは存在しましたので、このような観念論は間違っていると、当時学習しました。

授業の後、渡辺教授に何度か質問したため、「焼きそば屋」に誘われ、私は焼きそば、お好み焼きを食べ、ビールや日本酒も飲ませていただきました。こうして授業以外の場で「哲学」論議に酔いしれました。

「哲学」の科目は1年目に単位を取得しましたが、2年生以降卒業まで毎年のように「哲学」の講義を聴講し、講義後の教授との「焼きそば屋」行きも常連になりました。３年生のときには、渡辺教授が講義された文学部「哲学科」の専門科目も聴講させていただきました。

読書としては、哲学者や哲学の書物だけではなく、例えば国家独占資本主義に関する経済学と政治学の書物も読んだように記憶しています。もちろん、法学部生だったので、社会契約論の立場の書物も読みました。

どの分野の書物であれ、読書すればするほど、自分の無知に気づかされました。

◆大学の学園祭での研究報告

大学入学直後の「英語」の第１回授業時に法学部学園祭実行委員会の方２名くらいが教室に入ってこられ、受講生に各自自己紹介するよう促しました。その中で「３浪」と挨拶した私に、あえて声をかけていただき、私はその「英語」クラスの世話人になりました。その関係で法学部学園祭実行委員会に参加するようになります。当時、学生運動は下火になっていたように思いますが、関西大学には立て看板が多く、その立て看板には学生運動の影響で角ばった文字が書かれていましたが、私は意識的に少し丸みを帯びた文字を書いていたように記憶しています。

なお私は、後に神戸大学大学院を受験し進学するのですが、同大学では立て看板がほとんど見当たらず「ここは本当に大学だろうか」と思ったほど、関西大学には立て看板が学内のあちこちにありました。

関西大学の法学部学園祭実行委員会の先輩の方々は、当時の大学生らしく、学問や社会問題、そして政治論議に関し自分なりの知見を有しておられ、不勉強なためノンポリだった私は大いに刺激を受けました。

その関係でしょうか、1982年11月に開催された大学の学園祭で研究報告したことがありました。同年8月には、参議院の選挙制度のうち全国区選挙が廃止され、比例代表選挙に「改革」されましたが、その「改革」につき、法学部学園祭実行委員会で一緒だった同級生と後輩の友人2人（桐山君と山下君）と一緒に、その論点等を手分けして調べたのです。その「改革」で憲法上も政治上も大きな問題になったのは、無所属の議員が立候補できなくなったことでした。当時、各政党についても「改革」につき賛成と反対の意見とその各理由の説明を求めるなど精力的に調べました。全国区選挙で選出された参議院議員・中山千夏さん（1948年〜）が代表の「革新自由連合」（革自連）からは、多くの有益な資料をちょうだいし、とても参考になりました。私ともう一人は、当時全国区選挙で選出された横山ノック（山田勇）参議院議員（1932年〜2007年）を関西テレビのロビーでインタビューし、もう一人は、日本共産党の橋本敦参議院議員（1928年〜2021年）のインタビューをしました。その内容の一部については、学園祭報告時に流しました。私たち3名は、11月3日の学園祭報告の準備を終え、3人の報告担当内容も決め安心して前日（11月2日）の夜は遅くまでアパートの私の部屋で飲んで、友だちも私の部屋で寝ました。

学園祭での私の報告は、キンチョウの夏が過ぎたのに、緊張のせいでボロボロでした。2日目も報告したように思いますが、記憶が定かではありません。11月3日の朝、中学校時代にお世話になった祖母が亡くなったと電話連絡を受けていました。♪まつりばやし♪（作詞作曲／中島みゆき）

◆法学部学園祭実行委員会でのもう一つの出会い

私の活動・運動の一つにブックレット等一般市民向け書物の出版があります。研究書の出版とは別です。と言っても言うまでもないことですが、出版は、私の判断だけでできるものではありません。出版社のお誘いがないと出版できません。

最初の一般市民向けブックレットの出版は、「日本機関紙出版センター」から2010年に出版していただいた『ゼロからわかる政治とカネ』です。その後、共著も含めると、「新日本出版社」「かもがわ出版」「あけび書房」からも出版させてもいただいていますが、これまで一番多く出版させていただいたのは、「日本機関紙出版センター」からです。その数は20冊に及んでいます。

前記『ゼロからわかる政治とカネ』の出版のきっかけは、同社の丸尾忠義さん（1958年〜）が私の選挙制度に関する講演を聴きに来られていて、その直後に「政治とカネ」問題の出版のお誘いを受けたからです。実は、丸尾さんは関西大学法学部の時の先輩で、法学部学園祭実行委員会で1年間だけご一緒していたのです。この出会いがあったからこそブックレットの出版を通じた私の活動・運動が継続してできているのです。ありがたいことです。

◆ゼミは民事訴訟法

大学時代の授業に話を戻すと、法学部の専門科目の授業には正直言って、あまり出席さえしていませんでしたし、教科書・専門書をきちんと読んでいたわけでもありませんでしたので、お恥ずかしいのですが、世間一般の優秀な大学教員とは真逆です。

関西大学における「憲法」の科目は、当時担当教授の評判が悪く（佐々木学派）、一応受講したもののオモシロイ授業ではありませんでしたので、ほとんど出席していなかったと思います。それでも成績は悪くはなかったのですが、今思えば、良い答案ではありませんでした。同大学二部の「憲法」の試験問題の情報が事前に流れてきたので、その情報に基づき単位取得のためだけの答案を書いた結果でした。

それゆえ、私が履修したゼミナール（演習）は「憲法」担当教員ではありませんでした。優秀な友人（桐山君）が「民事訴訟法」の高島義郎教授のゼミを選択したので、判断能力のない私は「金魚のフン」状態で、その友人に付いて行きました。高島教授の授業は、比較的真面目に受講していたので、友人について行ってもいいだろうと判断したように記憶しています。しかし、「民事訴訟法」については、教科書以外の文献を精読した記憶がありません。

◆「哲学」から「法哲学」へ

大学入学直後に「哲学」に走っていたこともあり、法学部の専門科目としては「法哲学」の講義を数年受講しました。担当教員は竹下賢教授（1946年〜2018年）。前述した「哲学」と同じで、単位取得後も聴講を続けました。京都大学の加藤新平教授（1912年〜1999年）の難解な『法哲学概論』（有斐閣・1976年）など法哲学の複数の教科書もじっくり精読しました。

司法試験を受験する気がなかったわけではないのですが、そのための受講も受験勉強もしていませんでした。たまに専門書を読んで、複数の学説が紹介されていると「どの学説が妥当なのか」と常に悩んでいました。友人にそのことを口にしたら、「そんなに悩んだら司法試験に合格できない。学者が向いているのではないか」と言われて、浅はかな私はそれを心の底で真に受けていたのかもしれません。

大学は奇跡的にも4年で卒業しました。そして1浪して「法哲学」で某国立大学の大学院進学に臨みました。しかし、試験問題は全く勉強していない内容だったので不合格でした。「法哲学」の対象の広さを痛感しました。

◆憲法研究者を目指して大学院受験

その後、大学院進学を「憲法」専攻に変更したのですが、それは「哲学」「法哲学」における正義論への関心から「憲法」へと移行した結果でした。具体的には「正義論は抽象的な議論が多いので、わかった気になっているが、具体的に考えるときちんと理解しているのか不安である」旨、竹下教授に吐露したところ、「法解釈において正義はどう実現されるのか」ということに注目して専門書を読んだらどうかと助言を受けました。この助言が結果的には私の憲法研究者としての人生へと方向性を決定づけました。

助言いただいた問題認識で、法解釈についての文献を幾つも読み漁りました。その影響で、ある時、民法のある論点につき、我妻榮先生（1897年〜1973）先生と川島武宜先生（1909年〜1992年）とで立場が違う根本的理由は何なのか、川島先生は法社会学で有名ですが、我妻先生の方がその論点で法社会学的な解釈に思えたので、その理由は何なのか、関西大学の民法学の澤井裕教授（1930年〜2003年）に素朴な質問をしたこともありましたが、日頃質問しない普通の大学生が質問する内容ではないですし、短い休み時間で、ゆっくり答える時間もないので、答えるのが面倒だったのでしょう。「わからない」と返答されてしまいました。

読み漁った複数の文献のうちの一つが、大阪梅田の古本屋で見つけて購入した専門書でした。それは、名古屋大学の長谷川正安教授（1923年〜2009年）の『憲法解釈の研究』（勁草書房・1978年）。私の憲法研究者としての人生を決定づけた貴重な研究書になりました。

それ以前に「憲法」の文献は何冊か読んでいました。前述したように「憲法」の授業をほとんど受講してはいないので、憲法の教科書又は専門書を読んで学習するしかありませんでした。当時、公務員試験に有益と評判の教科書的書籍を読みましたが、私が知りたいことが書かれておらず物足りないものでした。その後、東京大学の小林直樹教授（1921年〜2020年）の書籍を何冊も読みました。そして長谷川正安教授の前掲書を、大学の図書館でうなり声を出しながら読み、多大な刺激を受け、長谷川先生の他の書籍や長谷川先生が編者の書籍を片っ端から読んだのです。

こうして、大学院の専攻科目については「法哲学」から「憲法」に変更し、もう1浪しました。関西大学で、もう一人の「憲法」担当の森省三教授に、大学院の受験先を相談したところ、神戸大学を推薦されました。同大学法学部には、当時法律雑誌に論文の連載をされていた浦部法穂教授（1946年～）がおられたので、同大学の大学院（法学研究科）を受験したのです。浦部先生の御顔も知りません。口頭試験（面接）のときに浦部先生の名前を出して答えたときに顔をあげられた面接官が浦部先生と気づきました。

受験科目としては、「憲法」と「英語」のほかに、法律学の2科目の試験を受ける必要がありました。その1科目として、「法哲学」の試験を受けようと計画していたのですが、当時「法哲学」の先生が留学中だったので「法社会学」の科目の試験を受けるしかなく、慌てて「法社会学」の文献を何冊も読んだものの、読んだ文献とは傾向の違う試験問題で答案は酷いもので、口頭試験でもボロボロでした。

「憲法」「法哲学」以外で複数の専門書を読んでいたのは「刑法」でしたので、もう一つの受験科目にしました。ただ「刑法」については、何冊か教科書など立場の異なる専門書を読んでいたものの、総論中心で、各論についてはあまり勉強していたわけではありませんでしたので、それほど成績が良かったわけではなかったはずです。

それでも合格したのです。奇跡のような結果でした。しかし、これを機に「奇跡はある」と信じるようにはなったわけではありません。

その後、大阪府吹田市内の関西大学近くのアパートから兵庫県神戸市灘区内の神戸大学近くのアパート（同区篠原伯母野山町）に引越しました（その後、家主さんが亡くなったので同区篠原台のアパートに引越しました）。

第2章　研究者になって

第1節　研究テーマ

◆大学院に進学

１９８６年4月、不良学生だった私がついに神戸大学大学院（法学研究科）に進学。大学院生としては、どこかの国の憲法論議を素材に研究しなければなりません。指導教授の浦部法穂先生はアメリカ憲法を素材にされていたにもかかわらず、私は、迷いに迷って、ドイツ連邦共和国基本法（いわゆる西ドイツ憲法）を素材に修士論文を書くことを決断しました。ドイツと日本は日独伊三国同盟と侵略戦争敗戦という歴史における共通点があることもあり、西ドイツ憲法を選択したわけですが、ドイツ語が得意でもなかったので、麻雀をやらなくなったからと言って急にドイツ語が読めるようになるわけでもなく、無謀に近かったと言っても過言ではありませんでした。

それでも、ドイツ憲法を素材にすると決断した以上、まずは先人の文献を読んで学習するしかありません。そのため、例えば名古屋大学の森英樹教授（１９４２年～２０２０年）や札幌学院大学の水島朝穂教授（１９５３年～。その後、広島大学、早稲田大学）の論文等を読む機会が増えました。元名古屋大学教授の影山日出彌先生（１９３３年～１９７６年）の文献は難解な文章なので、読むのに一苦労しました。

ドイツ語については、大学院の同じ憲法専攻の先輩2人（現在、広島大学の門田孝教授と明治学院大学の宮地基教授）にドイツ連邦憲法裁判所のドイツ共産党判決などを一緒に読んでもらい、ドイツ語文献の読み方を鍛えてもらいました。

神戸大学大学院法学研究科の博士課程前期課程（いわゆる修士課程）2年目の夏休み明けの私の研究報告は酷いものでした。棟居快行教授（1955年～。現在の専修大学教授）の助言で、某大学教授の論文を読みました。同論文は、あえて政党を憲法上その他の結社から区別しており、そこで紹介されている西ドイツの論理の理解の仕方がそもそも「間違っている」ため、それがそのまま日本に持ち込まれていると確信しました。

そしてその論点に関する西ドイツの各学説の文献を読み、政党を憲法上その他の結社と区別する西ドイツの学説は、日本で大政党の優遇と小政党の冷遇に悪用されるので危険であることを指摘する修士論文（後述）を1987年12月にどうにか書き上げることができました。

博士課程後期課程の試験では、「ドイツ語」の設問が選択なのに全部和訳して解答してしまいましたが、どうにか合格し進学できました。

修士（博士課程前期課程）論文、博士課程後期課程単位取得論文を書くようになり、書物や論文の読み方も、それまでと大きく変わりました。博士課程後期課程単位取得論文を書き上げましたが、大学院生時代には、東京大学（1990年から一橋大学教授）の渡辺治教授（1947年～）等の書籍も読み、現状分析に関する文献を読むことの重要性も理解しました。

単位取得論文を書き上げ、博士課程後期課程を無事退学しましたが、就職は決まりませんでした。もっとも、幸いなことに、1991年4月から日本学術振興会特別研究員（PD）に2年間の採用が決まりました。しかし、2年の任期が完了しても常勤の就職は決まりませんでした。結婚して兵庫県西宮市内の阪急電鉄「西宮北口駅」と「門戸厄神駅」の中間辺りにあるマンション（同市甲風園）の一室に引越して1年間非常勤として大学と専門学校で講義しながら研究を続けました。

そして、1994年4月から北九州大学（2001年から北九州市立大学）法学部に講師として採用され、夫婦で北九州市内の公団（小倉南区守恒）に引越しました。

採用予定者が他大学に採用され辞退された結果、私の採用になったようです。私が神戸大学大学院法学研究科博士過程前期課程を受験し、筆記試験の後に行なわれた面接試験では、浦部教授に「就職先はない」と言われ、私が「頑張ります」と答えたところ、「頑張ってもない」と返されましたし、2年後の博士課程後期課程に進学した際も、「進学しても就職先がないことを覚悟で」と厳しく釘をさされましたので、常勤として就職できたことは幸運に恵まれたとしか思えませんでした。

◆私の研究テーマ

私の大学院生時代以降の憲法研究者としての研究テーマは、前述からもお分かりいただけるかと思いますが、政党に関する憲法問題、政党が関係している事項に関する憲法問題です。前者の問題として執筆したのが、修士論文「『政党の憲法上の地位』について ― 西ドイツのイデオロギー性を中心にして」です。日本国憲法第21条は「結社の自由」を保障していますが、「政党が憲法上その他の（社会）団体と同じ位置づけがなされるのか」という論点について書きました。これについては、前述したように、西ドイツ憲法の議論を素材にし、西ドイツの論理の解明と日本の憲法解釈論で採るべき結論を私なりに引き出しました。結論を、記憶に基づき一部だけですが紹介しておきます。

日本国憲法では政党とその他の結社とは区別することなく政党も「結社の自由」（第21条）として保障されているが、西ドイツ憲法では、政党に関する規定が結社の自由の規定とは別にあり、その上、政党に関する規定は統治機構（議会）の所にあるので、政党は憲法上その他の（社会）団体と異なると理解する見解が多数ある。

ナチスという負の歴史を経験しているので、民主主義を否定する者には人権保障を認めないという「たたかう民主制」の立場であり、かつ、東西冷戦のもとで右翼のナチスの思想を引き継ぐ政党だけではなく左翼のドイツ共産党に対しても人権を制限するよう帰結しているのがドイツ連邦憲法裁判所の立場である。

したがって、政党は憲法上その他の（社会）団体と異なると説く西ドイツの見解を日本の憲法解釈論に持ち込むのは、人権論として間違いであり、危険である。

以上の結論を含めて私は修士論文をまとめたのです。

そして、神戸大学大学院法学研究科の博士課程後期課程進学後は、研究対象を拡大させました。それは、政党が関係する事項、例えば、選挙制度、政治資金制度です。特に政治資金制度のうち政党助成金制度は、選挙結果に基づいて各政党の政党助成金（政党交付金）が決定される仕組みなので、両者を一緒に取り上げて研究しました。すでに紹介したように、大学の学園祭で参議院の選挙制度「改革」についての研究報告をした経験もあって、取り組みやすかったこともあったかもしれません。

こうして、政党が関係している事項である選挙制度や政治資金制度まで研究対象を拡大して西ドイツを反面教師にすべきであるとする博士課程後期課程単位取得論文「政党国家と民主主義 ― 政党財政を素材として」を1990年12月にまとめたのです。

西ドイツの連邦議会議員を選出する選挙制度は、いわゆる小選挙区比例代表「併用制」であり、基本は比例代表制なので、後述する日本の選挙制度よりも明らかに民主主義的なのですが、小選挙区制を内包した比例代表制なので小選挙区制が比例代表制を掘り崩しており議会制民主主義として徹底していないことを指摘しました。

また、西ドイツでは連邦憲法裁判所が1966年に政党助成金制度を違憲と判断していましたが、1967年制定の政党法によって政党助成金が事実上制度化されていました（制度はその後変遷しているのでご注意ください）ので、それぞれの論理の違いを詳細に分析しました。前述した「政党を憲法上その他の団体から区別する立場」では政党助成金制度を憲法上肯定するものも、否定するものもありましたが、「政党を憲法上その他の団体から区別しない立場」では政党助成金制度を憲法上肯定してはいませんでしたので、日本国憲法の解釈論において参考にすべきは後者であり、政党助成金違憲判決の論理だと気づきました。

この論文をベースにして、例えば名古屋大学大学院の院生の本秀紀さん（1963年〜現在の名古屋大学教授）の先行研究等を参考にしながらも、私なりの更なる研究を進めてまとめたのが、私の単著の研究書『政党国家論と憲法学――「政党の憲法上の地位」論と政党助成』（信山社・1999年）です（これは北九州大学法政叢書です）。同書は、出版後、博士（法学、神戸大学）論文となりました（2000年2月8日）。

第2節　1994年の「政治改革」

◆1994年の「政治改革」は改悪！

　私が北九州大学（現在の名称は北九州市立大学）に採用され赴任した1994年には、いわゆる「政治改革」が国会で強行されました。後述する議会制民主主義の立場から見ると、「政治改革」前の選挙制度と政治資金制度が良かったわけではありませんが、「政治改革」により両制度は、さらに悪い方に改められたので、明らかな改悪でした。

　衆議院議員を選出する選挙制度は、それまで中選挙区制（議員定数原則3～5）であり、都市部では野党も議席を獲得できるので、準比例代表的な機能を有していたと評されていましたが、2014年の「政治改革」では、中選挙区制から「比例代表制を付加した小選挙区制（1人区制）」へ（小選挙区比例代表「並立制」）「改革」されました。そのうちの小選挙区選挙は、大政党には過剰代表を、小中政党には過少代表を、それぞれ生み出す最悪の選挙制度になりました。

　参議院議員を選出する選挙制度は、前述した大学時代の1982年に学園祭で研究報告したときに取り上げたものです。「比例代表制を付加した選挙区制」（選挙区・比例代表「並立制」）であり、そのうちの選挙区選挙は半数改選なので、事実上の1人区など議員定数が少ないため、衆議院小選挙区選挙に近い選挙結果を生み出す酷い選挙制度です。

　以上のように民意を歪曲する選挙制度による選挙結果に連動しているのが、政党助成金法に基づく政党交付金制度です。私は、「政治改革」が強行される前から当時の政党助成法制定論議についても批判を加えていました（上脇博之「政党国庫補助の憲法問題――（旧）西ドイツを素材として」『法律時報』64巻2号1992年2月号、同「これでいいのか小選挙区制と政党助成」『法学セミナー』467号1993年11月号）が、1994年の政党助成法が制定され、政治腐敗の温床である企業献金を温存しながら翌2015年から政党交付金制度はスタートしたのです。

◆意見書の執筆

北九州大学法学部赴任翌年の1995年7月19日付「朝日新聞」夕刊に、政党助成法の裁判についての小さな記事を見つけました。それは「在日韓国・朝鮮人と日本人の計49人」が「国を相手取り、交付の差し止めと違憲の確認、さらに原告1人あたり交付金負担額に相当する250円の国家賠償を求める訴え」を大阪地方裁判所に起こしたというものでした。

私は、政党助成法についてのアンケート（第1回目）の実施を考えていたのですが、この記事をきっかけに実施することを決意し、それを各政党と当時の委員会委員（議員）に対して郵送したのはこの新聞記事から約2カ月後のことでした。

新聞で報じられた前記の政党交付金交付差止等請求事件訴訟については興味を抱いていたので、神戸在住時代に兵庫県憲法会議の運動でお世話になった弁護士事務所の事務局に勤めておられた人物を通じて、原告側の丹羽雅雄弁護士（1948年～）を知りました。そして丹羽弁護士に訴訟についての資料を郵送していただくようお願いしたのです。

その後、資料の送付をお願いする電話の中で、まだ意見書の執筆を誰にも依頼されていないとお聞きし、そして私への執筆依頼については、ほかに研究実績も権威もある憲法研究者がおられることを理由にお断りしていたのですが、１９９６年、大学の夏休み直前に電話したところ、いまだに意見書の執筆者が決まっていないと告げられ、蛮勇をもって若輩の私がその執筆をお引き受けし、大学の夏期休暇期間を使ってそれを仕上げたのです。

それからしばらくして郵便物が届きました。差出人は李英和(り・よんふぁ)さん（１９５４年〜２０２０年）でした。そこには手紙が同封されており、私が意見書を書いたことに対する丁寧なお礼が書かれてありました。「在日党」のTシャツと氏の著書『北朝鮮・秘密集会の夜』（文春文庫。１９９６年）も同封されてもいました。

実は、原告の方々がどのような方々なのかについて私は新聞の情報以上のことは何も知らなかったのですが、在日外国人（永住者）の参政権獲得運動をされている方々が原告であって、それも北朝鮮に留学されたという貴重な経験を持ち、所属の民族団体から事実上除名され「在日党」（「在日外国人参政権'92」）を結成しその代表である人物が原告の中心人物となっていたことについても、恥ずかしながら、李さんからの手紙と李さんの著書を読んで初めて知ったのでした（参政権獲得運動については、李英和『在日韓国・朝鮮人と参政権』明石書店・１９９３年）も参照）。事前に李さんと私との間に接点があったとすれば、それは李さんが関西大学（経済学部）の教員（当時助教授）であって、私が同大学（法学部）卒業生であった、という偶然くらいです。

政党助成法が憲法違反であるとする論拠は、政党の財政を国庫に依存させるし日本国憲法「制定」論議において政党助成は否定されていたので「国家から自由」を保障している「結社の自由」（憲法第21条）に違反していること、国会議員5人以上または全国の得票率2％以上で1人以上の国会議員のいる政治団体だけを「政党」とする点で平等原則（憲法第14条）に違反していることのほか、有権者が自己の投票を政党助成に流用されることを拒否できない点で「政治的自己決定権」（憲法第13条）を侵害していること等です。浦部教授の学説の影響もあり、定住外国人の選挙権保障についても政治的自己決定権としての選択（国籍国での選挙権か生活実態のある日本での選挙権かの選択）を保障していることを私見として主張しました。

以上の私見については、1999年に私の単著『政党助成法の憲法問題』（日本評論社）にまとめました。これは、1999年度科学研究費補助金「研究成果公開促進費」（一般学術図書）の交付を受けたものです。政党交付金の所轄は自治省（現在の総務省）で、科学研究費補助金の所轄は文部省（現在の文部科学省）。前者が所轄の政党交付金が違憲だという研究書を後者が所轄の補助金を使って出版させてもらったのです。

◆私見の一部が法律に！

衆参の比例代表選挙で選出された国会議員または当選しなかった候補者が所属政党から離党又は除

名された場合、当該議員又は候補者は議員又は候補者の身分を失わせるべきなのかどうかと憲法問題があります。この問題について私は学説及び判例を整理し、私見を論述しました（上脇博之「『国民代表論と政党国家論』序説 ― 八代英太議員党籍変更事件と松崎哲久比例代表名簿登載者除名事件判決を素材に」『北九州大学開学五十周年記念論文集』1997年）。

比例代表選出議員に関する従来の通説とそれに基づく当時の法律の立場は、議員が離党した場合であれ除名された場合であれ議員としての身分を奪うのは憲法違反である（国民代表制についての自由委任説）という立場でした。これには批判があり、議員としての身分を奪うべきであるとの立場や奪うことも許されるという立場などが展開されていました。私は当該議員が比例代表選挙に立候補した時に同じく立候補していた他党に移籍した場合には議員として身分を奪うべきであるが、それ以外（無所属になる場合や新党を結成する場合等）は議員としての身分を奪えないという立場を展開したのです（上脇『政党国家論と国民代表論の憲法問題』日本評論社・2005年［神戸学院大学法学研究叢書14］に収録）。

そうすると、私見に近い形で2000年に法律改正がなされました（公選法第99条の2、国会法第109条の2）。しかし、私見は衆議院小選挙区選挙・参議院選挙区選挙で選出した議員についても比例代表選挙で選出された議員と同じとの立場を説いていたのですが、法律改正では、後者の点は採用されませんでした。

衆議院小選挙区選挙・参議院選挙区選挙について後述するようにいずれも違憲であるとの立場の私にとっては、とても不満の残る法律改正でした。

第3章　憲法の議会制民主主義の視点から

第1節　大日本帝国憲法を否定して誕生した日本国憲法

◆近代憲法と現代憲法

私の活動・運動にとって理論的に極めて重要になるのが日本国憲法によって採用されている〝議会制民主主義〟論です。日本国憲法と〝議会制民主主義〟論を説明する必要がありますので、まず、「憲法」の理解の仕方から説明しておきましょう。

憲法学では、「憲法」の定義として「固有の意味での憲法」と「近代的な意味での憲法」があります。前者の憲法とは「国の在り方の基本を定める法」であり、このような憲法は、国家の存在するところでは、どこでも、どの時代でも、存在してきました。したがって、例えば中央集権の君主制（君主主権）で国民の権利・自由が十分保障されているとは言えない封建主義のもとでも、「国の在り方の基本を定める法」があれば、「固有の意味での憲法」は存在したことになります。

一方、1789年の「フランス革命」など、封建主義の絶対王政を否定した市民革命が起き、それまでとは本質的に異なる憲法観が誕生します。それが「近代的な意味での憲法」（〝近代憲法〟）であり、「国民主権、国家権力の制限［権力分立］、人権の思想に基づく権利・自由の保障という近代的諸原理に基づいたものでなければ憲法ではない」と考えられるようになります。つまり、君主主権の憲法は憲法とは評しえないという「憲法」観の登場です。

しかし、その後、自由放任主義の資本主義に矛盾が生じ、経済的自由を制限する修正資本主義へと移行すると、近代憲法が保障した自由権だけではなく社会権も保障する必要が生じ、社会権まで保障する憲法が誕生します。それが〝現代憲法〟です。

後述するように、日本国憲法の前には、大日本帝国憲法がありましたが、大日本帝国憲法は〝現代憲法〟でなかっただけではなく、〝近代憲法〟でもありませんでした。

◆天皇主権の大日本帝国憲法

「憲法」についての理解には以上の世界史的視点も重要ですが、日本史的視点はもっと重要です。日本国憲法は大日本帝国憲法の否定によって誕生しているからです。その歴史を振り返りましょう。

日本では、1874年から10年余りの期間、封建主義を打破しようとする自由民権運動が起きます。これは、国会の開設、基本的人権の確保、地租の軽減、不平等条約の改正などを求める民主主義的運動でした。この運動の中で、「五日市憲法草案」（1881年）や「東洋大日本国々憲案（日本国国憲案）」（同年）のほか、近代憲法に類似した数多くの憲法草案が考案されます。

ところが、当時の明治政府は、この運動を弾圧して大日本帝国憲法を制定します（1889年2月11日発布、翌90年11月29日施行）。つまり、市民革命のような「下からの近代化」ではなく、旧特権階級のイニシアティヴによる「上からの近代化」により憲法が制定されたので、大日本帝国憲法は近代的な諸原理に基づいていなかったのです。それゆえ、国家権力の暴走に歯止めをかけるはずの憲法は、その内実を伴わず、表向きのもの、外見的なものにすぎませんでした（外見的立憲主義）。

具体的には、まず、国民主権ではなく、「万世一系」の天皇が「大日本帝国」を統治し（第1条）、天皇は「神聖」で侵してはならない存在で（第3条）、国の「元首」として「統治権」を「総攬」していました（第4条）。日本版の王権神授説に基づく天皇主権（君主主権）でした。

天皇が一手に掌握する統治権は大権と呼ばれ、それは大きく三つに分類できました。

宮務（皇室）大権。これは皇室に関する大権です。皇室に関する事務については、皇室自律主義とされ、議会は関与することができず、この大権の輔弼は内閣外にあった宮内大臣が行なっていました。

陸海軍の統帥大権（第11条）。これは皇軍（天皇の軍隊）と呼ばれた軍隊に関する大権です。この大権は、国務大臣の輔弼を要しないもので、軍令機関（とくに陸軍参謀総長、海軍軍令総長）が輔弼していました。

広義の国務大権。この大権は、宮務大権と統帥大権を除くすべての大権で、これは三つに分類できました。

・立法大権。この大権は、法律の制定に関する大権で、天皇は「帝国議会」の「協賛」をえて「立法権」を行い（第5条）、「裁可」します（第6条）。

・司法大権。この大権は、司法・裁判に関する大権で、「司法権」は裁判所に委任し、天皇の「名」で「裁判所」が行ないます（第57条）。

・狭義の国務大権。この大権は、立法大権と司法大権を除く行政に関する大権で、天皇は法律の「執行」を命令し（第6条）、「国務各大臣」は天皇を「輔弼」します（第55条）。

◆近代憲法の名に値せず

このように、主権者天皇が統治権を「総攬」し、権力分立も外見的なものにすぎませんでした。そのうえ、憲法上の規定はあるものの憲法に詳細な規定がなされていなかった機関（枢密院、枢密顧問。第56条）、さらには、憲法に規定されていなかった機関（「御前会議」や「重臣会議」）が存在し、重要な役目を果たしていました。建前は立憲君主制でしたが、実質は絶対君主制だったと言っても過言ではありませんでした。まさに天皇（君主）の憲法、すなわち、欽定憲法でした。

それゆえ、大日本帝国憲法は、普通選挙を保障してはいませんでした。帝国議会は、貴族院と衆議院の二院制で（第33条）、貴族院議員は民選ではありませんでした（第34条）し、また、衆議院は民選だった（第35条）ものの、１９２５年に25歳以上の男性のみの普通選挙が採用されるまで、制限選挙でした。衆議院を解散できるのは、主権者天皇でした（第７条）。ですから、議会制民主主義ではなかったのです。

そもそも「臣民の権利」の保障は、人権の思想に基づかず、法律等によって権利が容易に制限できるものでした（「法律の留保」）。大日本帝国憲法の条文によると、例えば、「居住及移転ノ自由」（第22条）や「言論著作印行集会及結社ノ自由」（第29条）は、「法律ノ範囲内ニ於テ」しか保障していませんでした。また、国民（臣民）は神社参拝が義務とされた（国家神道）ので、信教の自由は「臣民タルノ義務ニ背カサル限ニ於テ」しか保障されませんでした（第28条）。

そのうえ、帝国議会閉会中に緊急の必要がある場合に法律に代わるものとして天皇が発する命令（ただし国会の事後承認が必要）という緊急勅令（第８条）、法律に基づくことなく天皇が帝国議会から独立して独自に発する命令（ただし法律を変更できない）という独立命令（第９条）も認められていました。

さらに、１９２５年には「国体を変革」すること等を目的とする結社の組織・加入・扇動・財政援助を処罰する治安維持法も制定され（最高刑は懲役10年でしたが、１９２８年には国体変革（天皇制否定）目的の行為に対し死刑・無期懲役と「改正」され、１９４１年には刑期終了後も拘禁できる予防拘禁制度も導入されました）、当時の国民は、拷問・虐待も受け、弾圧されました（１９４５年、連合国軍最高司令部（ＧＨＱ）の指令で廃止されました）。

地方制度は、中央政府の意向を国の隅々まで実現する手段にすぎませんでしたので、独自の自治が保障されてはいませんでした。それゆえ、例えば、府県知事は国の官吏であり、市長は市会の推薦した候補者の中から内務大臣が天皇の裁可を経て任命し、町村長も町村会で選挙された者を知事が認可し、市町村の行政は知事や内務大臣の監督に服することになっていました。

◆侵略戦争の歴史

以上のように、大日本帝国憲法は、天皇主権で、国民に人権を保障してはおらず、それゆえ近代憲法とは評しえませんでした。そのうえ、他国の憲法同様、戦争を許容していました。その結果、日本は、大日本帝国憲法施行から４年も経過していないのに日清戦争（１８９４年～95年）を起こし、その後、義和団の乱（１９００年～01年）に参戦し、日露戦争（１９０４年～05年）を行ない、第一次世界大戦（１９１４年～18年）にも日英同盟に基づき参戦しました。さらに、満州事変（１９３１年～32年）、日中戦争（１９３７年～45年）を起こし、ファシズム連合である日独伊三国同盟（１９４０年）を締結して太平洋戦争（１９４１年～45年）へと戦争を拡大させてきました。

日本は、以上の戦争において戦争加害国となり、他国の領土・島を占領しました。１９４５年になると、東京大空襲、大阪大空襲、沖縄戦などで敗戦が明らかにもかかわらず、日本政府は、アメリカ・イギリス・中国の共同声明である「ポツダム宣言」（７月26日）を、当初黙殺しました。８月６日と９日に広島と長崎でアメリカの原爆投下を受け（対日参戦したソ連は８月８日に同宣言に署名）、同月14日にやっとポツダム宣言を受諾し、９月２日休戦協定に署名し、敗戦を迎えました。

大日本帝国憲法下の約55年間の半分近くの年月は、日本が戦争に明け暮れた年月でした。同憲法のもとで、主権者でなかった国民は、日本政府の侵略戦争に動員され、戦争加害者にされると同時に戦争被害者にもなり、戦争に反対する政党・団体・個人は治安維持法（１９２５年）などにより弾圧されました。それゆえ、近代憲法に値せず外見的立憲主義にすぎなかった大日本帝国憲法は、結果的には戦争憲法だったと表現できるでしょう。

◆日本国憲法の誕生

侵略戦争で敗戦する日本の戦後の出発点は、アメリカ・イギリス・中国の共同声明である「ポツダム宣言」（1945年7月26日）でした。「ポツダム宣言」は、過去の戦争で日本が占領などした領土・島を返還し（1941年の「カイロ宣言」の履行）、日本の主権を「本州、北海道、九州、四国」とアメリカ等が認める島に限定されることのほか、日本国民が軍国主義者による統治を続けるのか、理性ある道を歩むのかを決意する時期が到来していること、日本国の戦争遂行能力をなくしてしまうこと、日本国軍隊が完全に武装解除すること、日本政府は日本国民が民主主義を復活強化し、基本的人権の尊重を確立すること、戦争のために再軍備するための産業を認めないことなどを求めていました。

したがって、日本はポツダム宣言を受諾した以上、軍国主義から民主主義国家にならなければならず、そのためには大日本帝国憲法とは正反対の平和憲法を制定しなければならなかったのです。

「ポツダム宣言」には、〝新憲法の制定〞は明記されていませんが、「ポツダム宣言」の内容からすれば、大日本帝国憲法が存続できるはずがないことは、あまりにも明白です。日本政府は、「ポツダム宣言」を黙殺し続けて戦争を継続するという選択肢はなかったでしょう。

ですから、「ポツダム宣言」を受諾した以上、日本は、それに合致する（少なくとも反しない）国づくりをしなければなりませんから、憲法が国の最高法規である以上、「ポツダム宣言」に合致する（少なくとも反しない）〝新憲法の制定〞（大日本帝国憲法の改正）をするしかなかったのです。帝国議会では、修正論議もされ「ポツダム宣言」に違反しない憲法が「制定」されました。それが日本国憲法でした。

◆日本国憲法の内実

日本国憲法は、天皇制が象徴天皇制という形で残ったものの、国民主権を採用しました（前文・第1条）。また、「国家からの自由」として大日本帝国憲法の下で侵害されていた思想・良心の自由（第19条）、信教の自由（第20条）、表現・結社の自由（第21条）など自由権（自由権的基本的人権）を保障しました（第3章）。さらに、議院内閣制は維持されたものの、天皇主権から国民主権に変わったため、統治機構の実質的内実は根本的に変わりました。中央集権を反省して三権分立制（国会・内閣・裁判所）を採用しました（第4章・第5章・第6章）。国会は国民生活に影響を与える法律を制定・改廃する立法府であり（第41条）、内閣は法律を執行する行政府であり（第65条）、裁判所は法的紛争を解決する司法府です（第79条）。これらの点で、日本国憲法には近代憲法としての性格が確認できます。

もっとも、日本国憲法の基本的人権の保障は、自由権だけの保障にとどまりません。生存権（第25条）、教育を受ける権利（第26条）、勤労権（第27条）、労働基本権（団結権・団体交渉権・団体行動権。第28条）という社会権（社会権的基本的人権）も保障しているのです。したがって、日本国憲法は現代憲法としての性格を有しているのです。そのうえ日本国憲法は、平和的生存権を保障している（前文）点で、先進的な現代憲法と表現できます。

つまり、日本の憲法は、侵略戦争で敗北した結果、前近代的憲法から一挙に先進的な現代憲法になったのです。

前述の三権のうち国会は「国権の最高機関」です（第41条）。国会を構成する国会議員は、主権者国民によって選挙で選任される（第15条・第43条）ので、国会は、主権者国民の代表機関です。それゆえ、国民生活に影響を与える法律を制定・改廃する「国の唯一の立法機関」なのです。国会は、衆議院と参議院の二院制であり（第42条）、国会を構成する衆議院と参議院には国政調査権が認められています（第62条）。だからこそ国会は「国権の最高機関」なのです（第41条）。

もっとも、三権分立制や議院内閣制をチェック・アンド・バランス論で説明する立場があり、この立場で学習された方が多いかもしれませんが、この立場は、国会と内閣と裁判所をそれぞれ対等と位置づけるため、国会の「国権の最高機関」性について法的意味を否定している（政治的美称説）上に、実際には内閣優位を生み出してしまうので間違いです（なお、チェック・アンド・バランス論の立場が妥当だとしても、後述する議会制民主主義の要件は充足されるべきです）。

日本国憲法は議院内閣制を採用してはいますが、国会は「国権の最高機関」なので、国会と内閣は対等ではないと理解する立場、すなわち議会（国会）優位型で理解する立場が妥当なのです。議会制民主主義はこの立場を前提に理解すべきです。

衆議院議員の任期は4年ですが、任期満了前に解散される可能性があります（第45条）が、参議院議員の任期は6年、半数改選で、解散は予定されていません（第46条）。衆議院議員も参議院議員も、主権者の代表としての公務を果たせるよう、国庫から歳費を受け取る権利（第49条）、不逮捕特権（第

50条)、免責特権(第51条)が保障されています。

衆議院の解散権は、大日本帝国憲法では主権者天皇にありました(第7条)が、日本国憲法では、天皇主権を否定して議院内閣制を採用したため、内閣にあります(第69条)。内閣総理大臣にあるという報道がありますが、間違いです。衆議院が解散されると参議院も同時に閉会になりますが、「国に緊急の必要があるとき」、内閣は「参議院の緊急集会」を求めることができます(第54条)。

さらに、日本国憲法は、大日本帝国憲法には一切の定めがなかった「地方自治」を新しく採用しました(第8章)。地方自治体は、「地方自治の本旨」として(第92条)、住民自治と団体自治が保障され、住民の代表機関として議会を設定することができ、各地方自治体の長(都道府県知事、市町村長)および議会の議員は、各住民による直接選挙で選任されることになり(第93条第1項・第2項)、条例を制定する権限を認められました(第94条)。国会が制定する法律は、通常、日本全国に適用されるものですが、国会が一部の地方自治体にのみ適用される特別法を制定するときには、その地方自治体の住民による投票(住民投票)で過半数の同意を得なければ、国会はその特別法を制定することができないと定めました(第95条)。直接民主主義の採用です。

第2節　日本国憲法の議会制民主主義

◆議会制民主主義にとって重要な歴史的視点

以上説明したように日本国憲法は、大日本帝国憲法の下で侵略戦争が強行されたことを反省して、国民主権主義、非軍事平和主義、基本的人権尊重主義、地方自治のほか、議会制民主主義を採用しているのです。言い換えれば、日本国憲法の議会制民主主義は、国民主権主義を実現するために国会を主権者国民の代表機関にしているからこそ「国権の最高機関」としているのですが、戦争に主権者国民を再び動員させないために、非軍事平和主義、基本的人権尊重主義、地方自治のほか、国会を「国権の最高機関」とした議会制民主主義を採用しているのです。

しかし、今の法律は議会制民主主義に合致する制度を採用していないどころか、それに反する制度を各法律で採用しているので、残念ながら議会制民主主義になっていないのです。

このように申し上げると驚かれる方も多いのではないでしょうか。日本も天皇制が残っているものの国民主権であり、男女平等の普通選挙が保障され、主権者である国民の代表機関である国会があるのに、〝議会制民主主義が存在していない〟というのは理解しがたい、と。

確かに、全く選挙がなかった時代や制限選挙の時代、さらには男子のみの普通選挙の時代と比べれば、今の日本は、議会制民主主義と思えるかもしれません。しかし、議会制民主主義は、国民の代表機関と普通選挙が保障されているだけでは不十分なのです。では、日本国憲法の要請する議会制民主主義とはどのようなものなのでしょうか？

以下、少し詳しく私見を説明しましょう。

一つには歴史的反省の視点で考える必要があります。侵略戦争は治安維持法と大政翼賛会によって遂行されたのですから、その反省に基づく理解が必要です。主権者国民の代表機関のあり方を最重要視すべきです。残念ながら戦後も侵略戦争を真摯に反省した政党が政権与党ではないので、真摯な反省をする野党・少数意見も国会に反映できるように少数政党も国会に議席を有するようにすることが必要です。もちろん、少数政党に特権を与える必要はありません。民意を正確・公正に反映させるようにすれば、少数政党も国会に十分議席を有することができるでしょう。

もう一つは、その歴史的反省に合致するように国民主権論と民主主義論を徹底させることです。国民主権主義を採用すれば理論的には直接民主主義になりますが、国土が広く人口が多く国民の生活が多様化すると実際には主権者全員がどこか一カ所に集まって議論して重大な決定をするという直接民主主義を採用することは不可能です。となると、代議制（議会制）を採用するのはやむを得ませんが、議会制を採用するとしても、国民主権主義である以上、直接民主主義の採用も肯定し、かつ直接民主主義に限りなく近い議会制でなければ、議会制民主主義とは言えないのです。

日本国憲法における国会は「国権の最高機関」であるので、権力分立制の内実は、議会（国会）優位型で理解しなければなりませんが、議院内閣制を採用している以上、国会の多数派＝内閣の暴走に歯止めをかけるために与党の過剰代表を許してはなりません。日本国憲法の要請する議会制民主主義は、以上のように理解しなければなりません。

◆議会制民主主義であるための制度的要件

したがって、議会制民主主義と評しうる制度論としては、①単に議会が存在するだけでは不十分ですし、今では、選挙があっても制限選挙ではダメなことは明らかであり、男女平等な**普通選挙を採用すること**は当然です。とはいえ、それだけでも不十分です。選挙制度の仕組み次第では制限選挙の選挙結果と同じような（それに近い）選挙結果になりうるからです。したがって、②普通選挙を採用する以上、衆議院議員総選挙、参議院議員通常選挙、地方議会一般選挙では、**〝投票価値の平等〟（憲法第14条）**が要請されます。〝投票価値の平等〟が保障されていなければ普通選挙の意味がありません。

また、民主主義とは個々の議案に主権者国民が意見を言い合い討論して全員一致でなければ最終的には多数決で決定するものですから、選挙で単に人を選べばよいというものではありません。立候補者の公約を見て自分の代弁者を議会に送り出すのが、議会制民主主義です。特に政党や政治団体がその公約を掲げるのが通常なので、政党・政治団体の公約を見て各有権者が自分の意見に一番近い政党・政治団体に投票することを通じて、③〝投票者の全員の意思をできるだけ公正・正確に議会に反映すること〟、言い換えれば〝**議会を投票者の縮図にすること**〟が議会制民主主義であるための重要な要件になります（**社会学的代表**）。したがって、できるだけ死票が生じないような選挙制度を採用することは当然ですし、また、制限選挙と同じような選挙結果にならないよう民意を歪曲するような選挙制度を採用することは禁止されます。

さらに、**④主権者国民は選挙運動を自由に行なえなければ選挙は形だけのものになってしまいます**し、**自由な選挙運動**は選挙権や被選挙権と同様に基本的人権として保障されるべきです。単に国民の代表者を投票で選ぶのではなく、政党・政治団体の掲げる政策を国民全員が十分に知り、その政策に投票するのが議会制民主主義なので、政党・政治団体の政策をすべての国民が知ることができるように自由な選挙運動が保障されていないといけないのです。この点で言えば、前述の〝**議会を投票者の縮図にすること**〟とは〝**議会を政策の縮図にすること**〟なので自由な選挙運動が不可欠なのです。

そして、主権者国民が政治や行政について重要な情報を知らなければ、主権者国民は紙に描いた餅にすぎませんし、基本的人権として「知る権利」が保障されなければなりませんから、**⑤公文書管理や情報公開が適正に制度化されている必要があります**。この点は、政治や選挙を大きく左右する政治資金や選挙資金についても同様に必要です。最後に、政治資金は政治活動にとって極めて重要なので、**⑥政治や選挙を不公正に左右し、民意を歪曲する政治資金制度を採用することも許されません**。

日本国憲法は以上の要件を充足するものを議会制民主主義として採用しているというのが私の憲法論としての議会制民主主義論です。言い換えれば以上の要件を充足していなければ議会制民主主義ではない、あるいは議会制民主主義としては未完成なのです。

第3節　議会制民主主義に反する選挙制度

◆憲法違反の衆議院小選挙区選挙・参議院選挙区選挙

一方、法律は日本国憲法の議会制民主主義に合致しないどころか、それに反する制度になっているというのが私見なのです。まず、衆議院議員総選挙、参議院議員通常選挙、地方議会一般選挙では、前述したように、〝投票価値の平等〟（憲法第14条）が要請されますが、その〝投票価値の平等〟は投票前も投票後も保障されていなければならないという立場が妥当です。選挙区を複数設けても各選挙区で投票率が必ず同じになるわけではありませんので、複数の選挙区と議員定数を設けない方が良いのです。かりに複数の選挙区を設けるとしても各選挙区の議員数は投票後に決定されるようにしなければなりません。

また、直接民主主義にできるだけ近い議会をつくるには、主権者国民が各政党・政治団体の政策を見て自分の政策に最も近い政党・政治団体に投票することが不可欠になります。さらに、日本国憲法は国民主権に基づく普通選挙を採用している以上、〝国会を投票者・政策の縮図にする社会学的代表〟を要請していると解されます。

以上の要請すべてに応えられるのは比例代表選挙しかありません。比例代表選挙であれば無所属の候補者が立候補できないとの批判がありますが、それは誤解です。今の選挙制度では確かに無所属１人の立候補を認めていませんが、それは立候補の権利を不当に侵害するので憲法違反です。比例代表選挙でも無所属の立候補を保障しなければなりません。

立法機関である国会は、私見では、以上の憲法要請に応える選挙制度を採用することが義務づけられます。したがって、立法機関である国会には、**国会を構成する衆議院と参議院では、無所属も立候補できる完全比例代表制を採用する義務**があります。

また、**国民代表に多大な影響を及ぼし会派の発達した地方議会（都道府県・政令指定都市等の議会）では、無所属も立候補できる完全比例代表制を採用する義務**があります。私見では、地方議会も議会制民主主義が要請されますし、地方議会における議会制民主主義を通じて国会の議会制民主主義も実現されると理解すべきなのです。言い換えれば、地方議会で議会制民主主義が実現されていなければ、それが国会（衆参各院）における民意の正確・公正な反映に影響を及ぼすのです。それほど国会における議会制民主主義の実現にとって地方における議会制民主主義の実現は重要なのです。

しかし、少なくとも衆議院議員を選出する選挙制度のうちの小選挙区選挙と、参議院議員を選出する選挙制度のうちの選挙区選挙（事実上の１人区・２人区の多い準小選挙区制）は、投票前と投票後の両方の〝投票価値の平等〟を保障してはいません。また、多大な死票を生み出しますし、有権者の支持する政党の候補者が立候補しないとか、当選の可能性が極めて低いと有権者の投票意欲を奪って投票率も下がります。さらに、日本国憲法の要請に応えていないどころか、むしろ民意を歪曲し、大政党の過剰代表と中小政党の過少代表を生み出すものであり、重大な論点につき国民の多数派の意見が国会では少数派になってしまいます。したがって議会制民主主義の要請に反する違憲の選挙制度なのです（上脇博之『ここまできた小選挙制の弊害』あけび書房・2018年）。

また、衆参各院への民意の反映に重大な影響を及ぼしている地方議会の選挙制度においても、議会制民主主義の要件として考える必要がありますので、議会内会派の存在する地方議会の議員を選出する選挙制度としては、無所属の立候補できる比例代表制を採用すべきです。しかし、都道府県議会などの地方議会では、会派が存在しているにもかかわらず、1人区や2人区など議員定数の少ない選挙区が多数あるため、選挙権の行使できない無投票当選も少なくなくかつ地方議会に〝住民の民意・政策の縮図〟が形成できていないのです（同『ど思う？地方議員削減』日本機関紙出版センター・2014年）。これでは、地方議会における議会制民主主義が実現していないだけではなく、国会（衆参各院）における議会制民主主義も実現していないことになります。

◆べからず選挙法

また、公選法は、選挙運動について、これも「するべからず」、あれも「するべからず」というふうに制限をしており、原則自由というより、まるで原則制限のように制限だらけです。もちろん、選挙運動についても、カネで票を買うことは民意を歪める不公正な行為で決して許されませんから、買収は禁止されるべきです。ですから、選挙運動を制限することが絶対許されないというわけではありません。

しかし、日本国憲法は国民主権（前文、第1条）と普通選挙（第15条）を採用し、表現・言論の自由（第21条）を保障することを通じて、選挙や政治活動の自由も保障しています。それゆえ、国会が公選法を定める場合、選挙運動の自由がきちんと保障されるように定める必要があります。買収のように選挙の公正を害する行為は例外として禁止されるだけのことです。

ところが、現行の公選法は、必要以上に制限している〝べからず法〟になっているのです。たとえば、イギリスなど先進国では選挙運動のために各家庭を訪問する戸別訪問は禁止されていませんが、日本では禁止されています（第１３８条）。また、同法は、選挙運動ができる期間を「公職の候補者の届出のあつた日から当該選挙の期日の前日まで」に限定しており、その期間の前に行なう選挙運動（事前運動）を禁止しているのです（第１２９条）。さらに、選挙運動のためのビラや葉書については、選挙の種類ごとに枚数制限等がなされています（第１４２条）。

以上、代表的な制限を紹介しましたが、このように必要以上で広範すぎる制限は、日本国憲法「制定」前の、国民が主権者でなかった大日本帝国憲法下での制限を、そのまま継続しています。革新政党の選挙運動を抑制・妨害するためです。ですから、現行の公選法は、選挙運動の自由を必要以上に制限しすぎている点で、議会制民主主義の要請に応えていないのです。

公選法は後述するように選挙運動費用収支報告制度を採用しています。選挙運動に要した経費の収支を主権者国民に知らせる制度なので形式的には議会制民主主義として相応しいのですが、そもそも選挙運動の自由を不当に制限しているのですから、そのうえで選挙運動費用収支報告を採用しても、現行の公選法は議会制民主主義の要請に実質的に十分応えているとはいえないのです。

第4節　議会制民主主義に反する政治資金制度

◆違憲の企業献金

日本国憲法は、議会制民主主義を採用していると理解する立場に立てば、国会への民意の反映に影響の大きな政治資金制度についても、前述したように民意を歪曲するような制度を採用すべきではなく禁止していると理解すべきです。

そもそも日本国憲法は、国民主権と普通選挙による選挙権を保障しているだけではなく、表現の自由、結社の自由を保障しているので、選挙運動活動や政治活動の自由を保障しています（第21条）。選挙運動活動や政治活動には資金がかかるので、当然、個人であれ団体であれ、国家から自由に、選挙・政治資金を集めて、その資金を支出することが保障されていると解されます。もっとも、選挙や政治がカネの力で歪められることになるようであれば、〝公正であるべき、民意に基づく政治〟が脅かされ、議会制民主主義に反することになるので、それは禁止されなければなりません。

ただし、禁止されるべきものとしては、制度として恒常的に歪められる問題と、選挙における買収や政治・行政における贈収賄のような個別的に歪められる問題との二つがあります。議会制民主主義そのものが成立するかどうかを左右するのは、前者の制度上の問題です。

政治資金における制度上の問題の第一は、企業や労働組合が政治活動のための寄付をしていること（政治献金）です。企業が政治献金すると株主の政治的思想等を侵害することになるし、労働組合が政治献金すると組合員の政治的思想等を侵害することになるので、日本国憲法は禁止していると解されます。この点は、企業や労働組合が政治資金集めのためのパーティー券を購入することも同様です（上脇博之『財界主権国家・ニッポン』日本機関紙出版センター・２０１４年、同『告発！政治とカネ』かもがわ出版・２０１５年）。ですから、企業や労働組合の政治献金やパーティー券購入は法律で全面禁止されるべきですが、現行の政治資金規正法は、一部禁止しているものの、全面禁止してはいません。

◆違憲の政党助成金制度

第二の制度上の問題は政党国庫補助制度です。日本国憲法はそもそも政党を他の結社と区別する条文を有していませんので、政党だけに国庫補助をすることは憲法上正当化できません。しかし、政党国庫補助は、前述した１９９４年の「政治改革」によって政党交付金制度として導入されました。政党交付金制度は政党助成法に基づくものであり、翌95年から、毎年年間３００億円を超える税金が、受け取りを拒否している日本共産党を除く自民党など既存の政党に対し「議員数割」と「得票数割」で配分され、交付されていますが、そのほとんどの政党が政党交付金に深く依存しています。つまり、政党の国営化です。このことは、〝政党は本来国民・社会に根ざしている〟という政党の本質（憲法第21条）を事実上奪うことになりますから、日本国憲法が想定していません。日本国憲法の「制定」が審議された際に、金森徳次郎・国務大臣（当時）は、「伸びて行く政党は一つの生き物でありまして、之に対して人為的な制約を加えること」には「弊害も亦予想し得る」と述べ、そして、国家による「財政的考慮」についても、それが「下手をすれば角を矯めて牛を殺す」ことになり、「本当の政党の値打を削ぎ落すような結果」になるとの恐れを表明していました。

そのうえ、現行の政党交付金制度は、衆参の国政選挙における有権者の投票結果を政党交付金額の決定に流用しているので、有権者がそれを拒否できない仕組みになっていますから、投票者の政治的自己決定権（憲法第13条）を侵害してもいます。

また、政党交付金を受け取れるのは、衆参国会議員5人以上の「政党」または全国の得票率2％以上で国会議員1人以上の「政党」です。無所属の国会議員や「政党」以外の政治団体は受け取れませんから、平等原則（憲法第14条）に反しています。

したがって、現行の政党交付金制度は、憲法違反の政治資金制度ですから、本来採用すべきではないのです（上脇博之『誰も言わない政党助成金の闇』日本機関紙出版センター・2014年、同・前掲『告発！政治とカネ』、同『政党助成金、まだ続けますか？』日本機関紙出版センター・2021年）。

要するに、日本国憲法は、議会制民主主義にふさわしい政治資金制度を法律で具体化するよう要請しているにもかかわらず、現行の法律は、その要請に的確に応えてはいないどころか、反する制度にしているのです。ですから、政治資金の点でも法律の現状は議会制民主主義ではないのです。

第5節　議会制民主主義に反する使途不明金

◆「知る権利」と選挙運動資金・政治活動資金

日本国憲法が採用している国民主権のもとでは、政府の情報は理念的には主権者国民のものであり、政府は行政につき主権者国民に対しきちんと説明する責任を果たす義務がありますし、主権者国民のために行政は行われるべきですから、議会制民主主義が成立するためには、政府は主権者国民にその保有する情報をできるだけ積極的に公表しなければなりません。

この点は、日本国憲法の基本的人権である「知る権利」の保障としても説明できます。政府がたとえ説明責任を積極的に果たさない場合でも、日本国憲法は、政府の保有する情報を公開するよう政府に請求する権利を「知る権利」として保障しています。

もっとも、この人権を具体的に保障する法律は１９９４年「政治改革」の時には存在していませんでしたが、１９９９年に「情報公開法」（行政機関の保有する情報の公開に関する法律）が制定されました。つまり、日本国憲法の公布・施行（１９４６年・１９４７年）から半世紀を要したのです。

また、政党・政治団体は、政府などの国家機関ではありませんが、選挙や政治を左右する公共空間で政党・政治団体が使用するカネ（選挙運動資金や政治活動資金）についても、「知る権利」が保障されるべきです。カネで選挙や政治が買われて歪められた歴史があるからです。

この点は「情報公開法」制定前から保障されています。公職選挙法（公選法）は、前述したように、選挙の候補者の選挙運動のために集められた収入と支出された実態を正直に報告することを義務づけています（第189条）し、政党・政治団体が政治活動のために集めた収入と支出した実態を正直に報告することを義務づけています（第12条、第17条、第19条）。

以上の点で言えば、とりあえず現行法制度は議会制民主主義に相応しいと評しえます。

◆政党の政治資金における使途不明金

ところが、以上のうち、政治資金規正法においては、知る権利の保障の点で重大な欠陥があり、使途不明金の生じることが制度的に認められる解釈・運用がなされているのです。

政治資金規正法は、国会議員などの「公職の候補者」の選挙運動を除く政治活動のために寄付することを禁止しています（第21条の2第1項）が、その寄付者が「政党」（本部又は支部）の場合だけは例外として許容しています（第21条の2第2項）。

本書第2部で紹介するように、この条項に乗じて、自民党などの政党は、「組織活動費」の支出の一形態として「政策活動費」名目等で幹事長ら国会議員に計何億円もの政治資金を毎年寄付しており、それは各国会議員の「資金管理団体」で収支報告報告するべきですが、そのような解釈・運用は行われず、最終的に何に支出されたのか、一切不明になっているのです。使途不明金によって政治や選挙が歪められている可能性がありますから、議会制民主主義に反することは明らかです。

また、選挙運動資金については、前述したように、選挙運動費用収支報告が公選法により義務づけられていますが、使わずに余った選挙資金の処理の在り方については、公選法でどのように処理すべきなのか定められていないので、政治活動または選挙運動における使途不明金（裏金）になっている可能性がありますので、この点も議会制民主主義に反するのです。

◆政治資金流用疑惑のある内閣官房機密費という使途不明金

使途不明金という点で言えば、政府の公金にも使途不明金があり、それが政治資金に流用されているとの疑惑があるのです。

具体的に言えば、内閣官房長官には、その目的を逸脱しない限り自由に使える公金があり、その公金とは内閣官房報償費です。会計検査院でさえその支払いの相手方を知らされず、領収書もチェックできず、その使途は世間に一切非公開とされ、それゆえ、従来「官房機密費」とも呼ばれてきました。しかし、内閣官房報償費（機密費）は、過去に、本来の目的を逸脱して目的外のために投入されてきた、という重大な疑惑があるのです。

２００１年に、外務省の機密費が詐取された事件（要人外国訪問支援室長の逮捕は同年３月10日）がマスコミで報じられ、それが「組織ぐるみ」で流用であり、首相官邸に「上納」されていたのではないかという疑惑へと発展しました。

同年２月には、竹下登内閣（１９８７年11月６日〜１９８９年６月３日。内閣官房長官は小渕恵三）から宇野宗佑内閣（１９８９年６月３日〜同年８月10日。内閣官房長官は塩川正十郎）への「引継ぎ文書」が国会で取り上げられました。この「引継ぎ文書」は、1989年5月に作成された文書で、当時、首席内閣参事官だった古川貞二郎氏が作成したと筆跡鑑定されており「古川ペーパー」とも呼ばれました。「報償費について」「報償費の推移（決算額）」と別紙A「報償費について」（平成元。5）、別紙B「報償費について」（平成元。5）で構成されており、この記載内容によると、機密費が外務省から内閣官房に「上納」されたという疑惑を裏付けるものではないか、かつ、官房機密費が消費税の導入等のために投入されたのではないかと国会で追及され、マスコミも注目したのです。

すなわち、この引継ぎ文書「報償費について」においては、内閣官房報償費の「性格」「報償の額」「平成元年度分の使用状況」が説明されており、また、「報償の額」の箇所においては、1983年度（昭和58年度）から1989年度（平成元年度）までの7年間の「報償費の推移（決算額）」が明記されており、「内閣分」と「外務省分」の報償費の年度別総額と両者の合計額が記載されている。つまり外務省から官邸への「上納」を裏付けているのです。

また、「別紙A」「別紙B」によると、「1989年（平成元年）度分の使用状況」が次のように箇潔に明記されており、「備考」に明記されているのが支出予定の支出実態を表している。特に「自民党外交対策費」というのが明記されており、内閣のための報償費が特定の政党のために使用されていること（公金が私的なもののために投入されていること）がわかります。

これに加えて、「報償費の推移（決算額）」における「（留意点）」の箇所には、次のような記述がありました。

1989年（平成元年）度分の内閣官房報償費の使用状況

区分	予算額	備考
1. 経常経費	6億円	総理・長官等の諸経費、官邸会議費、慶弔、国公賓接遇費、総理・長官主催接宴費等
2. 官房長官扱	16億円	内政・外交対策費
3. 官房長官予備費	5億円	
4. 特別経費	5億2,800万円	自民党外交対策費、夏季・年末経費、総理外遊経費、その他
合計	32億2,800万円	

なお、4月末の使用済額と残額は省略した。

「昭和63年度分については、5億円（内閣分1億、外務省分4億）が増額されているが、これは、税制改正のための特別の扱いである。更に平成元年度についても、引き続き同様の額を計上しているが、これも新税制の円滑実施等の事情によるものであり、異例の扱いである。」

これは、「官房長官予備費5億円」の使途実態を表しています。税制の改正等をするときに異例の5億円が使用されているというのは、いわゆる国会対策（国対）のために公金が投入されていることを示唆しています。これについては、「ここにある『税制改正』とは、当時の大蔵省の悲願だった『大型間接税』、つまり、『消費税』の導入のことである。」と解説されました（古川利明『日本の裏金［上］首相官邸・外務省編』第三書館・2007年65頁）。

また、2002年4月には、ほぼ10年前の宮沢喜一内閣（1991年11月5日～1993年8月9日）で加藤紘一衆議院議員が官房長官を務めていた時期（1991年11月～1992年12月）の内閣官房報償費のごく一部（14カ月分で約1億4380万円）についての内部文書が国会で取り上げられ、報償費の使途としては相応しくない「国会対策費」等に支出されているのではないかと追及が行われ、マスコミもこれに注目し報じました。

この内部文書は、KOKUYOの「金銭出納帳」、「収支整理表」、「支出内訳明細表」で構成されており、そのうちの「収支整理表」は、内閣官房報償費の執行に関わった人物が収入と支出を整理してまとめたもので、「収入」においては、内閣官房長官から受け取った日と金額を小計とともに記載したものであり、「支出」においては、その内訳を支出項目（パーティー、手当、国対、香典、餞別、経費、花、結婚式、御祝、見舞出張）毎に概算で記載したものです。

以上のうち、例えば、パーティー（政治資金パーティ）や国対などへの支出は違法な支出です。

1991年11月～1992年12月内閣官房報償費の一部の支出内訳

支出	内訳（概算）
パーティー	3,028万円
手当	3,050万円
国対	2,521万円
香典	243万円
餞別	2,043万円
経費	1,298万円
花	113万円
結婚式	60万円
御祝	120万円
見舞・出張	103万円
小計	1億2,579万円
その他	1,807万円
合計	1億4,386万円

1998年7月から1年余り小渕内閣で官房長官を務めた野中広務氏（故人）は、2010年4月ごろから、テレビ、新聞、週刊誌で、内閣官房報償費の使途について一定程度話し始めました。

そのうちの朝日新聞の報道によると、「前の官房長官から引き継いだノート」（引継ぎ帳）があり、それを参考に内閣官房報償費の支出がなされていると野中氏は説明しました。つまり、野中氏の証言は、自身が官房長官在任中の内閣官房報償費の支出実態の一部だが、それは、その在任中だけのものではなく、自民党政権で脈々と受け継がれたものである、ということなのです。

そして、当時の支出額は「毎月５千万円〜７千万円くらい」であり、「総理の部屋に月１千万円。野党工作などのために自民党の国会対策委員長に月５００万円、参議院幹事長にも月５００万円程度を渡していた」ほか、「評論家や当時の野党議員にも配っていた」というのです（「野中広務氏「官房機密費、毎月５千万〜７千万円使った」朝日新聞２０１０年４月30日）。

これらは政治や選挙に投入され民意を歪めた可能性があります。

以上のように公金の目的外支出の疑惑のある使途不明金がある以上、それが議会制民主主義に反していることは明らかです。

第2部

抵抗権行使としての新たな市民運動

第1章　新たな市民運動の必要性

第1節　憲法改悪に抗するために

◆「政治改革」を梃子にした「憲法改正」（日本国憲法の改悪）へ

１９９４年の「政治改革」は、本書第1部において紹介したように、選挙制度や政治資金制度を更に悪い方向に改めるものであり、ますます議会制民主主義に反する方向へと制度改悪したものでした。当時の大政党とは、軍事大国アメリカに従属する改憲政党の自由民主党（自民党）ですから、同党に有利すぎる選挙制度や政治資金制度等は改憲政党に有利すぎる制度ということでもありました。それゆえ、平和憲法の「改正」（改悪）を目指す勢力が「3分の２」以上の議席を獲得することが容易になる可能性が高まると予想されたのです。

それゆえ、案の定、自民党のスポンサーである財界は改憲を提案します。同年7月「経済同友会」が発表した提言『新しい平和国家をめざして』は、「『必要最小限の自衛力の保持とその国際的平和維持・救援活動への貢献』を、国民と国際社会の理解を得るためにわかりやすい形で法制化すべきである」として、その法制化の手段には、憲法9条の明文改憲、現9条への修正9条の併記、そして「現憲法9条の規定を維持し、『安全保障基本法（仮称）』といった法律により定めようというもの」を明記しました。

つまり、1994年の「政治改革」は、民意を歪曲して改憲勢力に「3分の2」を超える議席を与えることが可能になるので、その結果として憲法「改正」を実現するための制度改悪だったのです（上脇博之『安倍改憲と「政治改革」』日本機関紙出版センター・2013年）。言い換えれば、日本国憲法の要請する議会制民主主義は公権力の暴走に歯止めをかける立憲主義としての機能も果たしているので、立憲主義を劇的に破壊するために議会制民主主義に益々反する「政治改革」（政治改悪）が強行されたのです。

◆議会制民主主義が実現していないからこそ新たな運動を！

1994年の「政治改革」前が議会制民主主義に反しないものであったわけではありませんので、「政治改革」前であっても、日本国憲法を敵視する自民党中心の政権でしたから、それに抵抗する憲法運動・平和運動・市民運動が当然必要でした。それなのに、1994年の「政治改革」によってますます議会制民主主義に反するものになり、独裁政治に近い暴走政治や日本国憲法の明文改悪の可能性が高くなるのですから、従来の運動だけでは十分抵抗できないでしょう。

〝第四の権力〟である報道機関にはほとんど期待できません。第8次選挙制度審議会は、1990年に第1次答申及び第2次答申を作成し、1994年「政治改革」の足掛かりをつくりました。その第8次選挙制度審議会の小林與三次会長は当時日本新聞協会会長で、その前は日本テレビ放送網取締役会長・読売新聞社代表取締役社でした。「読売新聞」は日本国憲法を改正（改悪）する試案を

２０１４年11月３日付紙面で大々的に公表しました。ですから１９９４年「政治改革」を批判し議会制民主主義の実現に向けた〝真の政治改革〟を主張する報道は期待できません。

　憲法改悪を主張しない報道機関にあっても、内閣官房機密費や自民党本部等の「政策活動費」名目の使途不明金が記者に渡されるので、記者のジャーナリズムの精神は骨抜きにされることでしょう。

　政権の言いなりになり、あるいは政権に忖度すれば、政権に都合の良い報道を積極的に行なうことだけではなく、政権に都合の悪い事実を一切報道しない、あるいは小さく報道することでしょう。したがって、報道機関に大きな期待をすることは非現実的です。ジャーナリズムの精神をもった報道機関や記者は少数派だと考えておく必要があるのです。もちろん、暴走する公権力をチェックするというジャーナリズムの精神に基づく報道を求めなければなりませんが、単純に期待だけであれば裏切られます。

　また、主要な報道機関が選挙における各政党の獲得議席数だけを報道し、「過半数の得票率を獲得していないのに与党が過剰代表された」という真実を報道しなければ、選挙で多くの国民が「過半数の国民が与党を支持した」と国民は勘違いするでしょう。また、政府与党の問題や事件が発覚しても、主要な報道機関の多数派がジャーナリズムの精神に基づくわけではない報道をすると、それが国民の政治的意識に影響を及ぼすでしょう。そうすると、政権・与党の暴走を簡単に許してしまいかねません。

　さらに、選挙制度や政治資金について裁判所に提訴して憲法違反だとの判決を下してもらうのも、過去の判例を踏まえれば事実上不可能です。裁判所に期待できることと期待できないことを冷静に判断する必要がありました。

後述するように私の以上の危惧は的中します。議会制民主主義が実現していないからこそ政権は簡単に暴走できたからです。

しかし、だからと言って、諦めるわけにはゆきません。諦めたら暴走政権の思う壺です。研究者にできる独自の活動・運動があるのではないか。これまでの既存の活動・運動もやらないといけませんが、これまでにない活動・運動をする必要があるのではないか。社会的に比較的しがらみのない憲法研究者が立ち上がらないといけないのではないか。憲法研究者だけでできない場合には、弁護士の方々に協力を願いして一緒に運動する方法もあるし、弁護士さんらが新たな運動を立ち上げれば憲法研究者が参加する方法もあるのではないか。

私は、あれもこれもできるという非凡な能力を持ち合わせているわけではありませんが、議会制民主主義が実現されていない中で、憲法改悪や国家の暴走・独裁化をできるだけ阻止するためには、従来の運動に加えて新しい抵抗運動が是非とも必要だと思ったのです。基本的人権が「人類の多年にわたる自由獲得の努力の成果」であること（日本国憲法第97条）を再認識し、選挙権の行使を含め市民運動を抵抗権行使として自覚的に起動させなければならない、と。そして、その運動の延長上に議会制民主主義を実現するための運動の展望も見えてくると期待するからです。

とはいえ、神戸から北九州に転居したこともあって、１９９４年「政治改革」後、すぐにその運動が展開できたわけではありませんでしたし、また、当時は、今のような刑事告発・提訴運動を具体的に想定できたわけではありませんでした。人との出会い、一つのアクションが次のアクションを生み出し、新しい出会いがあり、さらには新たな運動へとつながっていったのです。そこには、私にとって貴重な出会いがあったからです。それには私の能力の問題もあり、年月を要しました。

◆全国的な国民運動

もちろん、私が新しい運動を展開できなくても、国民の中からは、御承知のように新たな運動が立ち上がりました。例えば、２００４年には、作家の井上ひさしさん、大江健三郎さん、小田実さん、澤地久枝さん、哲学者の梅原猛さん、鶴見俊輔さん、憲法学者の奥平康弘さん、評論家の加藤周一さん、社会活動の三木睦子さんの9名の呼びかけで「九条の会」が結成され、全国各地に「九条の会」がつくられ、平和憲法改悪阻止のための新たな国民運動が展開されました。

また、その10年後の２０１４年には「立憲デモクラシーの会」「戦争をさせない１０００人委員会」「解釈で憲法9条を壊すな！実行委員会」「戦争する国づくりストップ！ 憲法を守り・いかす共同センター」（憲法共同センター）等が結成され、翌２０１５年には「安全保障関連法に反対する学者の会」「戦争させない・9条壊すな！総がかり行動実行委員会」等が結成され、戦争への道を突き進む政府の暴走を阻止する運動が展開されてきました。

第2節　従来の運動と新しい運動

◆神戸での憲法運動

私は、神戸大学の大学院生時代に、民主主義科学者協会法律部会の会員になろうと思い指導教授である浦部法穂教授に相談したところ、具体的な入会手続きについては同じ神戸大学の和田進教授（１９４８年〜、現在名誉教授）に教えてもらうよう言われました。そして和田教授にお願いして会員になりました。

それをきっかけに、和田教授から「憲法改悪阻止兵庫県各界連絡会議」（兵庫県憲法会議）への参加を誘われました。名古屋大学の長谷川正安教授の著書『憲法運動論』（岩波書店・１９６８年）を読んでいたこともあり、私は喜んで参加させてもらいました。当時、毎月のように開催されていた学習会もあり、和田教授、神戸学院大学の播磨信義教授（１９４２年〜２００２年）ら憲法研究者の方々から憲法情勢、憲法問題、憲法運動等について学び、毎年5月3日と11月3日に開催する憲法集会などを通じて、一緒に実践するようになります。もちろん、各界連絡会議なので、各界の民主団体の皆さんとご一緒させていただき、憲法運動の重要性を、理論的にも実践的にも学びました。

しかし、１９９４年に北九州大学法学部に赴任したため、神戸における私の憲法運動は途絶えることになりましたが、10年後の２００４年に神戸学院大学大学院実務法学研究科（法科大学院）に移籍して、再び神戸に戻ってきた（２０１５年4月から同大学法学部）ので、兵庫県憲法会議に幹事として参加し、憲法研究者、各界の民主団体の皆さんらと一緒に憲法集会の開催を中心に神戸における憲法運動に再度携わってきました。寛大な皆さんのご協力もあり、2007年11月3日の総会から2019年5月の総会まで事務局長を務めました（その後も幹事）。

憲法集会は前述のように年2回開催してきましたが、2016年には、「戦争させない、9条壊すな！5・3総がかり行動兵庫県実行委員会」（略称：総がかり行動兵庫実行委員会）の主催で5月3日の集会が開催されることになった関係で、それ以降、5月3日は「総がかり実行委員会・兵庫」主催で憲法集会が開催されるようになり、兵庫県憲法会議主催の憲法集会は11月3日だけになりました（2021年は新型コロナ禍だったので「総がかり実行委員会・兵庫」主催の5・3憲法集会が11月3日に延期になった関係で兵庫県憲法会議主催の11・3憲法集会は中止しました）。

2004年には、地元の「九条の会がくえん」（神戸市西区）の代表呼びかけ人にもなりました。

◆北九州での市民運動・憲法運動

神戸における憲法運動は私の人生にとってとても貴重なものでした。その運動の理論的・実践的体験はその後の市民運動に参加することを心理的に容易にもしました。

1994年4月から北九州大学法学部に採用され、兵庫県西宮市から北九州市小倉南区に引っ越しました。教育に時間を割く時間が増えた中、採用から2年後だったでしょうか、弁護士事務所から電話があり、その後、市民の方1人と弁護士1人が、私の研究室に来られました。北九州市の税金の使い方を監視する「市民オンブズマン北九州」をつくりたいので、その代表になってほしい、というお誘いでした。その時の弁護士が、仁比聡平弁護士（1963年～。現在参議院議員）でした。

そのお誘いを受けたとき教えていただいたのは、ある著名な憲法研究者が私を推薦したというのです。その憲法研究者とは、すでに、大学院時代に読み始めた論文の著者の一人として紹介した、名古屋大学の森英樹教授でした。北九州市小倉で、私も参加したかったものの参加できなかった森先生の講演がありました。仁比弁護士が森先生に憲法研究者を紹介してほしいとお願いしたところ、森先生が私の名前を出したそうです。森先生は、ある法律雑誌で、私の修士論文を参考文献にあげてくださり、私の修士論文の評価を（全国の憲法研究者を勘違いさせるほど）高めてくださった方です。その先生から推薦されたとなると断れません。とはいえ、私は公務員（北九州大学教員）でしたので、さすがに代表を引き受けることはできないけど、幹事の一人としてなら参加する旨お返事したのです。こうして北九州でも市民運動にかかわることになりました。

なお、森先生は、その後、私を研究会に誘っていただき、学ぶ機会をつくってくださいました。そのお陰で、議会制民主主義論の専門家である小松浩教授（1960年～。三重短期大学、神戸学院大学を経て、現在、立命館大学）をはじめ多くの憲法研究者から学問的刺激を受けることができました。

「市民オンブズマン北九州」に参加した関係で、福岡県内の地方自治体の情報公開条例と政治倫理条例のランキングを制定する「議会の情報公開と政治倫理の確立度ランキング制定委員会」が1999年につくられたときには、その委員長を引き受けました。実質的なランキング作業は、九州大学の斎藤文男名誉教授（1932年～2022年）と事務局がやってくださったので、私でも同委員長を引き受けられたのです。こうして情報公開制度と政治倫理制度について理論的に学ぶと同時に、その制定と改正のための実践的な市民運動に携わることになります。何度も記者会見しましたし、集会も開催しました。

北九州でも憲法運動に参加しました。「有事法制を阻止し、憲法を守る」北九州の会代表委員としても活動しました。このときは、同じ大学の経済学部の三輪俊和教授（1943年～。現在名誉教授）のお誘いだったように記憶しています。

1999年には、出版助成を受け2冊の研究書を出版しました（『政党国家論と憲法学――「政党の憲法上の地位」論と政党助成』信山社・1999年、『政党助成法の憲法問題』日本評論社・同年）。それを区切りにして、私は、全国の知り合いの憲法研究者に呼びかけて、2000年4月、「政治改革オンブズパーソン」を結成し、事務局長となりました。代表は小林武教授（1941年～。南山大学、愛知大学を経て、現在、沖縄大学客員教授）に引き受けていただきました。選挙制度や政治資金等の問題について幾つかの声明を発表しました。私は、2004年に、今の神戸学院大学に移籍しましたが、「政治改革オンブズパーソン」は真の政治改革を求めて活動しました。後述するように「政治資金オンブズマン」を結成したため私の能力の限界もあり、また、憲法研究者の求める政治改革に報道機関がなかなか興味を示さなかったこともあって、「政治改革オンブズパーソン」は2007年に解散しました

◆阪口徳雄弁護士からのお誘い

理論に基づく市民運動も大事ですが、例えば一般庶民の事件ではない、大臣や与党議員ら権力者の「政治とカネ」事件の刑事告発など法律家独自の運動がどうしても必要だと強く感じていました。私が国会議員らを初めて刑事告発したのは、北九州大学在籍時代であり、告発した政治家は自民党議員ではなく、かつ公金である政党交付金の事件でした。

１９９４年に結成された「新進党」は１９９７年末に解散。「自由党」（小沢グループ）、「国民の声」、「改革クラブ」、「新党平和」（旧公明党・衆議院グループ）、「黎明クラブ」（旧公明党・参議院グループ）、「新党友愛」（旧社党グループ）の6党に分裂し、6党は政党助成法に基づき１９９８年1月1日時点の国会議員数などを総務大臣に届出するなど政党交付金に関する手続きを採り、同年の政党交付金の交付を受けたのです。

ところが、私は6党へのアンケートで、１９９８年1月1日の時点では、まだ6党が結党していなかったことを把握しました。政党助成法違反です。そこで、知り合いの憲法研究者に呼びかけて私を含む憲法研究者17名が２０００年2月、東京地方検察庁（地検）に当時の前記6党の党首を政党助成法違反で刑事告発したのです。告発状を作成するとなると、私の能力では不可能に近いので、専門家である弁護士さんにお願いしました。その時に私たち告発人の代理人になっていただきお世話になったのは、「市民オンブズマン北九州」で一緒に活動していた横光幸雄弁護士でした。

この告発は最初に東京新聞や西日本新聞などで大きく報道され、他の報道機関も後追い報道しました。取材の殺到の初体験でした。その報道をご覧になった方から私の研究室に電話がありました。その方こそ、社会派弁護士と自認されている阪口徳雄弁護士でした。阪口徳雄弁護士は、小林直樹先生の憲法学の体系書『[新版]憲法講義(上)(下)』(東京大学出版会・1980年、1981年)の中で「司法の危機」の事例の一つとして紹介されている有名な弁護士さんです(参照、23期・弁護士ネットワーク『司法はこれでいいのか。…裁判官任官拒否・修習生罷免から50年』現代書館・2021年)。私もお名前を存じ上げていましたから、電話があったときには耳を疑ったほどで驚きました。

その後も、若輩憲法研究者の私を誘っていただき、私が最も信頼している社会派弁護士さんです。「私が本格的に刑事告発と提訴の運動に踏み込む市民運動に誘っていただいた方」であり、「阪口弁護士の人脈なしには今の私の告発運動・提訴運動はない」と言っても過言ではない方なのです。

ただ、当時の私は北九州市在住でしたので、直接お会いして頻繁に相談することはできませんでしたので、電子メールでやり取りを始めることになったのです。

◆「株主オンブズマン」に参加

1996年に結成された「株主オンブズマン」は「物言う株主」として企業の株主総会に出席して歯に衣着せない発言をし、あるいは株主訴訟を提起する等して、企業の不祥事等を追及する市民運動です。阪口弁護士が結成当時から参加されており、お誘いを受けた私は、企業の政治献金問題を取り上げるということで途中から参加しました。関西大学の森岡孝二教授が代表をされ、2005年から数年間、私も事実上の共同代表に加えてもらいました。「株主オンブズマン」は一定の大きな役割を終えたとして2019年に解散しました。

阪口弁護士からの最初の刑事告発のお誘いは、2001年2月に行なった、自民党本部の使途不明金の刑事告発でした。具体的に紹介しましょう。

自民党本部の1998年分政治資金収支報告書によると、同党の「組織活動費」は70億1387万8608円であり、そのうち58億5070万円は各国会議員に対し支出されており（このうち大口受取人は加藤紘一に45回合計9億3710万円、森喜朗に23回合計4億1210万円、橋本龍太郎に11回合計1億3200万円）、また、1999年分政治資金収支報告書によると、同党の「組織活動費」は62億5641万8139円であり、そのうち48億470万円は各国会議員に対し支出されていると記載されているのですが、これでは、1998年の58億5070万円と1999年の48億470万円が最終的に、いつ、誰に、どのような目的に支出されたのか不明であるから、真実の支出を記載していないとして政治資金規正法（第25条第1項）違反容疑で東京地検に刑事告発したのです。告発人は「株主オンブズマン」代表の森岡先生と私を含め20名でした。

◆「NHKへの総務大臣放送命令」訴訟と放送法改正

森岡先生とは一緒に原告となって訴訟も提起しました。もちろん、訴訟代理人は、「株主オンブズマン」の有名な辻公雄弁護士や阪口弁護士ら弁護団です。

2006年4月1日と11月10日、菅義偉総務大臣は歴代総務大臣が放送法第33条に基づきNHKに短波ラジオ国際放送で放送するよう命令してきた(1)時事(2)国の重要な政策(3)国際問題に関する政府の見解――の3項目に、「北朝鮮による日本人拉致問題に特に留意すること」とする初の具体的項目を加えて放送を命令しました。

そこで、私たちは「NHK市民の会」を結成し、2007年3月6日、放送命令権を与えた同条は「報道の自由」を保障した憲法に反するとして、国とNHKを相手に賠償を求める訴訟を大阪地裁に起こしたのです(原告計35名)。この裁判は、拉致放送が是か非かを問う訴訟ではなく、総務大臣の放送命令が憲法体系上是か非かを問う訴訟です。なお、同年4月1日にも同じ放送命令が出されましたので、これも追加して争いました。

そうしたところ、9カ月余り後の同年12月21日に放送法は改正され、放送「命令」は廃止され、放送「要請」になり、2008年4月1日には放送要請が出されたので、これも追加して争いました(放送要請の違法・無効確認も求めました)。私は、原告の一人として「放送命令が放送要請になっても本質は変わってない」とする陳述書を2009年2月4日大阪地裁に提出しましたが、同日に結審してしまいました。

大阪地裁は、同年3月31日に、違法・無効確認の請求を却下し、国とNHKへの賠償請求を棄却する判決を下しました。同判決において、大阪地裁は、「放送法上、……放送要請は、被告NHKに対し、これに応諾するよう真しな努力をすべき法律上の義務を課す行為として定めていると解するのが相当である。」と判示し、放送要請が放送命令と法的に同じであるという私の陳述と同じ結論を展開したものの、「命令放送及び要請放送に係る権限を有する機関（総務大臣）の判断は、事柄の性質上高度の政治性を有するものであるということができるから、その判断の適否は司法審査になじまないとこである」として、被告国でさえも主張していない、いわゆる統治行為論を展開し、憲法判断を回避してしまったのです。

◆「政治資金オンブズマン」の結成

前掲の「株主オンブズマン」では阪口弁護士や森岡先生と一緒に企業の政治献金問題を追及してきましたが、追及の対象を企業献金問題に限定せず政治資金問題に拡大させるために私たちは、その告発の翌年（２００２年）３月20日、青年法律家協会弁護士学者合同部会の企画の一つに参加したことを契機に、「政治資金オンブズマン」を結成し、私も阪口弁護士も共同代表になりました。それ以降、政治資金改革の提言などを行なってきました。

特に大臣・国会員らの政治資金規正法違反や公職選挙法違反などを発見すると、私が知り合いの研究者らに呼び掛けて告発人になってもらい、阪口弁護士を筆頭に弁護士の皆さんに代理人になってもらう形で各地方検察庁に刑事告発する運動を本格化させたのです。

また、私は、権力者の法的責任追及としての刑事告発とは別に、暴走し隠蔽する国を相手取った裁判の提起も重要だとも思い始めます。第３次小泉純一郎改造内閣の安倍晋三官房長官時代（２００５

年10月31日～06年9月26日）における内閣官房報償費（機密費）について情報公開請求をしたところ、そのうち使途に関する文書の全てが1枚も開示されない不開示処分にされたので、その取消しを求めて大阪地裁に提訴（第1次訴訟。その後第2次訴訟、第3次訴訟を提起。第2次の原告は「政治資金オンブズマン」共同代表の松山治幸公認会計士）。当初は本人訴訟でしたが、提訴直後に阪口弁護士の呼びかけで弁護団が結成され、最高裁判所まで上告し争いました。

そして11年余りの裁判闘争の結果、最高裁第2小法廷判決（２０１８年1月19日）は私たち原告の請求を一部認容し、勝訴しました。「開かずの扉」をこじ開け、機密費と呼ばれた内閣官房報償費の使途文書の一部の開示を受けたのです（上脇博之『内閣官房長官の裏金　機密費の扉をこじ開けた４１８３日の闘い』日本機関紙出版センター・２０１８年）。

◆落選運動

その裁判中の２０１４年7月に安倍晋三・自公政権は、従来の政権が憲法違反であると解釈してきた「集団的自衛権（＝他衛権）の行使」の一部を「合憲」とする閣議決定をしました。もちろんこれは建前の「専守防衛」さえも放棄した憲法違反の更なる「解釈改憲」です。その翌２０１５年に安倍政権・与党は、それを法律上整備するための戦争法の制定を強行し、同年9月に戦争法は賛成多数で成立しました。これも憲法違反の「立法改憲」です。いずれも、国民の多数が反対でした。

そこで、２０１６年夏の参議院通常選挙に向けて、２０１５年10月から、阪口弁護士の提案で政治団体をつくって、戦争法の制定に賛成した改選議員の落選運動を開始。不可解な支出については質問状を送付し回答を求め、違法な収支については、これまでの運動を生かして刑事告発しました。

ただ、落選運動は選挙運動ではないものの、報道機関は選挙への影響を過度に心配するため反応が良くないので、その後の国政選挙では落選運動と銘打って刑事告発することはしませんでしたが、私は落選運動の最中に、落選運動について法的解説をしたブックレットを出版しました（『追及！民主主義の蹂躙者たち【戦争法廃止と立憲主義復活のために】』日本機関紙出版センター・２０１６年）。

◆政治資金センターの創設

ところで、「政治資金オンブズマン」の刑事告発運動で痛感していたことがあります。それは大臣や政治家の政治資金収支報告書（以下「収支報告書」）の入手が容易ではないことです。

まず、国会議員ら政治家がどのような政治団体・政党支部をもっているのか、その把握をしなければなりません。自らが代表者であるものは言うまでもなく、自らが代表者でなくても政治家の事実上の政治団体があります。政治家の中には複数の政治団体をもっている者も少なくありません。また、各政治団体・政党支部が総務大臣に届出しているのか、それとも、地元の各都道府県選挙管理委員会（以下「選管」）に届出しているのかを把握しなければなりません。届け出先に毎年の収支報告書を提出しているからです。総務省と多くの都道府県選管は、提出を受けた収支報告書をＷＥＢサイトでインターネット公表しているので、それぞれにアクセスして各収支報告書を入手できますが、インターネット公表していない選管の場合には、情報公開請求して各収支報告書を入手しなければなりません。さらに、収支報告書の法的保存義務期間は3年間なので、それより前の収支報告書は入手できなくなります。それゆえ、公表されている3年間のうちに各収支報告書を入手しておく必要があります。

そこで、2016年に「政治資金センター」（共同代表・阪口徳雄弁護士・松山治幸公認会計士）をつくり、政党本部の各収支報告書のほか、衆参国会議員の政党支部・政治団体の各収支報告書を収集し、それをPDFファイルで公表する事業を始めたのです。国民が誰でも収支報告書に容易にアクセスできるようにすることを目的とする事業です。

したがって、この「政治資金センター」は公益財団法人です。これまでの追及型の市民運動とは本質的に性格が異なります。大臣や国会議員らの「政治とカネ」事件の責任追及をする法人ではありませんので、ご注意ください（なお、高齢を理由に、阪口弁護士は事実上の代表理事も理事も退任され、松山さんは代表理事を退任され理事になられました。新代表理事は佐藤哲也さん）。

◆情報公開に関する市民団体の結成

大阪市内に本部を置く学校法人「森友学園」は塚本幼稚園を経営しており、園児に違憲の教育勅語を素読させており、その園児の受け皿として小学校（瑞穂の國記念小學院）を設置し、その名誉校長に安倍晋三首相の妻・昭恵氏が就任する予定でした。しかし、その校舎が建設されている国有地の評価額は9億5600万円なのに森友学園側には1億3400万円で売却したこと等が木村真・豊中市議の情報公開等の結果、２０１７年に発覚しました。

この財務省「森友学園」事件の発覚を踏まえて、「国有地低額譲渡の真相解明を求める弁護士・研究者の会」（真相解明の会）が結成され私も参加しました。これも阪口弁護士のお誘いを受けたからです（阪口弁護士と菅野園子弁護士が共同代表）。結成前から、私は情報公開請求をし、その準備をしていました。この会は、事件の真相解明のために刑事告発もすれば、情報公開訴訟も提起するという専門家集団です。

私の情報公開に対し、近畿財務局長は「近畿財務局と森友学園との交渉・面談記録」等について不開示処分をしていないのに1枚も文書を開示していませんでしたので、開示を求め同年6月大阪地裁に訴訟を提起しました（財務省森友第1次訴訟）。

その後国が、２０１９年4月の原告の私に開示したのを受けて、同年7月に国家賠償に請求を変更しました。２０２０年6月25日大阪地裁は原告の請求を認容する判決を下し、さらに真相解明を求め控訴し、最高裁にも上告しました。しかし２０２２年2月22日最高裁は上告棄却の決定をしたため、真相解明は十分できたわけではありませんでしたが、訴訟としては原告勝訴が確定し私たちは財務省森友第1次訴訟で勝訴しました。

私は、以上とは別に、財務省「森友学園」事件で他にも情報公開請求をしていました。２０１７年5月に近畿財務局に対し森友学園の「小学校設置趣意書」等の情報公開を請求したところ、同年7月に「小学校設置趣意書」の表題の小学校名と本文すべてを不開示しました。その理由は「経営上のノウハウが書かれている」から、というものでした。そこで私は同年10月2日その不開示処分の取消を求め大阪地裁に提訴（財務省森友第2次訴訟）。すると、森友学園の管財人は同学園が小学校を開設しないので全部開示してかまわないと判断したため同年11月24日近畿財務局長は森友学園の「開成小学校設置趣意書」を全部開示しますが、そこには「経営上のノウハウ」は一切書かれていなかったのでした。さらにその内容は、日本国憲法に適合する「こども権利条約・男女共同参画・雇用均等法」などを「日本人の品性をおとしめ世界超一流の教育をわざわざ低下せしめた」と批判し、さらに戦前の「富国強兵的考え」や「教育勅語」を高く評価する記述になっていて、森友学園の塚本幼稚園の園児の「受け皿が必要」だと書かれていたのです。これは「安倍首相の教育理念と合致する小学校」と評しうる内容でした。

そこで私は同年11月30日不開示事由がないにもかかわらず不開示した処分が違法であったとして国に賠償を求め大阪地裁に提訴し（財務省森友第3次訴訟）、２０１９年３月14日大阪地裁は国に賠償するよう命じる判決を下したのです（上脇『忘れない、許さない！　安倍政権の事件・疑惑の総決算とその終焉』かもがわ出版・２０２０年）。

◆黒川訴訟とアベノマスク訴訟の提起

情報公開訴訟の提起は財務省「森友学園」事件以外にも複数あります。一つは、黒川訴訟です。２０２０年１月末に安倍内閣が東京高検の黒川弘務検事長の定年を違法に延長する閣議決定をしましたので、これについても、私が法務大臣、人事院総裁及び内閣法制局長官に対し情報公開請求し、阪口弁護士を弁護団長とする弁護団を通じて同年6月大阪地裁に情報公開訴訟を提起しました（黒川第1次訴訟）。

また、私は、黒川弘務東京高検検事長任期延長閣議決定に関する法務省の意思形成過程文書の情報公開請求もしたのですが、不開示にされました。そこで、２０２２年1月13日には、その不開示の取消しを求める訴訟を大阪地裁に提起しました（黒川第2次訴訟）。

第2次訴訟では、第1次訴訟で問題になっている開示文書のうち法務省作成文書は同省内の正規の協議と手続きを経たものとは思われない杜撰なものだと原告は主張。一方、被告の国は、「解釈変更を示す文書」はあるが、それは検察庁法の改正のための検討の過程で作成した文書であり、黒川検事長の勤務延長のために作成したものではないと主張。それに対し、原告は、この解釈変更が適用された検察官は、唯一、黒川検事長のみだし、当時の法務省の事務方トップの事務次官の辻裕教氏は、安倍政権・官邸の意向を受けて、黒川検事長を次期総長にするために、勤務延長というそれまでの法律解釈では検察官適用できない制度について、自ら人事院総裁らと面談するなどして、強引にこの「解釈変更」を行なったと反論しました。

大阪地裁は、今年6月16日、辻氏を証人として尋問することを決定したのです。辻氏は、現職の仙台高検検事長です。ただ、辻氏は、翌7月11日に同検事長を辞職しました。その証言内容は、黒川検事長の勤務延長を巡る疑惑の解明のために大いに注目されることは間違いないでしょう。

二つ目は、アベノマスク訴訟です。2020年4月、新型コロナウィルス蔓延防止対策として安倍内閣が布製マスク（アベノマスク）を全世帯に配布することを決定しました。これについても私は情報公開請求しましたが、厚生労働大臣と文部科学大臣はマスクの単価等を不開示にしました。同年9月28日に不開示処分の取消し等を求めて大阪地裁に訴訟を提起しました（アベノマスク第1次訴訟）。

またアベノマスクの契約締結経過文書に関する情報公開請求に対しても不開示にされたので、2021年2月22日、その不開示処分の取消などを求めて大阪地裁に提訴しました（アベノマスク第2次訴訟）。

アベノマスク第1次訴訟について2023年4月28日に大阪地裁は、被告国に単価等の不開示を取消し、開示を命じる勝訴判決をくだしました。その2週間後に勝訴が確定したので、厚生労働省も文部科学省も単価等を開示しました。アベノマスク第2次訴訟は現在も係争中です。

◆「政府の公文書のあり方を問う弁護士・研究者の会」に参加

以上の提訴運動の延長として、2020年11月に「政府の公文書のあり方を問う弁護士・研究者の会」（共同代表：阪口弁護士・菅野弁護士）の結成に加わり、情報公開請求と情報公開訴訟を提起して政府が隠したい情報の開示を求めて闘うことを改めて決意しました。

2022年の参議院通常選挙のときに安倍元首相が7月8日の選挙応援中に殺害されたことをきっかけに、殺害者とその家族がいわゆる統一協会の被害者だったことが報道されました。そこで私は、安倍政権が2015年にその名称変更(「世界基督教統一神霊協会」の名称を「世界平和統一家庭連合」に変更)を認め、被害を拡大させた点に注目し、その時の関係文書を文化庁長官に情報公開請求しました。しかし、名称の変更理由等が不開示にされたので、2023年3月その処分の取消等を求めて大阪地裁に訴訟を提起しました。

◆阪口弁護団

以上紹介したように私の憲法運動・市民運動への参加は、第1部で紹介した私の研究内容に関係していますし、議会制民主主義が実現していない下での政治の暴走・独裁化への危機感に基づくものですが、検察庁への刑事告発、不起訴処分の場合の検察審査会への審査申立て、そして大阪地方裁判所への裁判の提起(提訴)など、実際に実践できているのは、市民運動を結成して奮闘いただける代理人・弁護士の皆様(いわゆる弁護団)のお陰なのです。

以上の全てにおける弁護団長は阪口徳雄弁護士です。財務省「森友学園」事件の時には、元NHKのスクープ記者・相澤冬樹さんのベストセラー単著『安倍官邸VS NHK　森友事件をスクープした私が辞めた理由』(文藝春秋・2018年)において、「森友事件追及弁護団(仮称・阪口弁護団)と紹介されましたので、ご存じの方も多いのではないでしょうか。

各弁護団における実働部隊となる弁護士さんは重なる方も少なくないのですが、微妙に違います。いずれも、すべて阪口弁護士の人脈によるものです。頼りになる弁護士さんばかりで、その証拠に、訴訟は係争中でまだ結論の出ていないものを除き、ほとんど勝訴しています。

◆記者会見とブックレットの出版

ところで、報道機関や記者で、ジャーナリズムの精神に基づき国家権力などの公権力や社会権力などを厳しく監視するのは、前述したように、残念ながら少数派なので大きな期待はできませんので、私たちが自ら積極的に情報発信して報道してもらう工夫が必要です。ですから、大臣らの刑事告発、検察審査会への審査申立て、あるいは裁判所への提訴については、可能な限り記者会見してきました。阪口弁護士を初め弁護団の弁護士さんも同席していただけるので心強く思いましたから、私も臆せず参加してきました。

また、報道機関から取材を受ける機会があれば、私見を報道してもらえる機会が生まれるのですから、できるだけ取材に応じてコメントをすることも厭わなくなりました。実は、取材を受けることによって記者の方から多くのことを教えてもらい、学んでもきました。もちろん、取材内容が私の専門外である場合、あるいは、私よりも別に適任者がいる場合には、専門の研究者や適任者を紹介することも多々ありましたが、私は可能な限り取材に応えてきました。私のコメントが報道されると、別の報道機関の記者から取材を受けたりもします。

さらに、前述したように、大学時代の先輩が出版社（日本機関紙出版センター）にお勤めであり、その関係で私のブックレット等を出版していただける機会に恵まれ、20冊も出版してきました。他の出版社からも幸いお誘いを受け出版しています。いずれも、できるだけ市民に読み易く分かり易いように書いてきたつもりです。研究や運動の成果の公表であり、かつ運動の一環でもあるのです。

私が参加した従来の運動と新たな運動

憲法運動	「憲法改悪阻止兵庫県各界連絡会議」（兵庫県憲法会議）幹事 「有事法制を阻止し、憲法を守る」北九州の会（北九州在住中） 「九条の会がくえん」代表呼びかけ人
市民運動	「市民オンブズマン北九州」幹事 「株主オンブズマン」事実上の共同代表（数年。解散） 「政治資金オンブズマン」共同代表
政治家らを刑事告発（告発人）	「政治資金オンブズマン」共同代表 「国有地低額譲渡の真相解明を求める弁護士・研究者の会」会員 『桜を見る会』を追及する法律家の会」会員
国を相手に裁判を提起（原告）	「政治資金オンブズマン」共同代表 「国有地低額譲渡の真相解明を求める弁護士・研究者の会」会員 「政府の公文書のあり方を問う弁護士・研究者の会」会員

市民向けブックレット等（著者）	２０１０年以降「日本機関紙出版センター」から約20冊等

活動・運動の歴史のまとめ年表（告発は多数あるので一部のみ）

年月日	市民運動、刑事告発、裁判又は出版
１９９６年～２０１１年	
１９９６年～２００４年	「市民オンブズマン北九州」幹事
１９９９年～２００４年	「議会の情報公開と政治倫理の確立度ランキング制定委員会」委員長
２０００年２月	「新進党」分裂後の６党首を政党助成法違反で東京地検に告発（最初の告発）
２０００年～２００７年	「政治改革オンブズパーソン」（事務局長）
２００１年２月	自民党本部の組織活動費名目の使途不明金の政治資金規正法違反で東京地検に告発（阪口徳雄弁護士らが代理人の最初の告発）。その後数々の告発。

2002年3月20日	「政治資金オンブズマン」結成（共同代表）
2005年（数年間）	「株主オンブズマン」（1996年～2019年）事実上の共同代表
2007年5月18日	内閣官房報償費（機密費）の使途文書不開示処分の取消しを求めて大阪地裁に提訴（原告）：第1次訴訟（安倍晋三長官分）
2007年3月6日	総務大臣の放送法第33条に基づくNHK放送命令につき国家賠償請求などを求め大阪地裁に提訴（原告）：その後、追加訴訟も
2009年3月31日	上記訴訟で大阪地裁は違法・無効確認請求を却下、賠償請求を棄却する判決
2009年12月15日	内閣官房報償費（機密費）の使途文書不開示処分の取消しを求めて大阪地裁に提訴（原告は松山治幸政治資金オンブズマン共同代表）：内閣官房第2次訴訟（河村建夫長官分）
2010年9月	単著『ゼロからわかる政治とカネ』日本機関紙出版センター

２０１１年２月	単著『議員定数を削減していいの？　ゼロからわかる選挙のしくみ』日本機関紙出版センター
２０１１年４月	坂本修・上脇博之・小沢隆一『国会議員定数削減と私たちの選択』新日本出版社
２０１２年	
3月23日	内閣官房報償費（機密費）使途文書情報公開訴訟（第1次訴訟安倍長官分）で大阪地裁が不開示処分の一部を取消す判決（原告勝訴）。原告も被告国も控訴。
11月22日	内閣官房報償費（機密費）使途文書情報公開訴訟（第2次訴訟河村長官分）で大阪地裁が不開示処分の一部を取消す判決（原告松山さん勝訴）。原告も被告国も控訴。
２０１３年	
2月	単著『なぜ4割の得票で8割の議席なのか～いまこそ、小選挙区制の見直しを』日本機関紙出版センター
4月	単著『自民改憲案 ｖｓ 日本国憲法～緊迫！ 9条と96条の危機』日本機関紙出版センター

10月	単著『安倍改憲と「政治改革」【解釈・立法・96条先行】改憲のカラクリ』日本機関紙出版センター
2014年	
2月末	単著『どう思う?地方議員削減「憲法と民意が生きる地方自治のために」』日本機関紙出版センター
5月	単著『誰も言わない政党助成金の闇「政治とカネ」の本質に迫る』日本機関紙出版センター
9月17日	内閣官房報償費（機密費）の使途文書不開示処分の取消しを求めて大阪地裁に提訴（原告）：第3次訴訟（菅義偉長官分）
10月	単著『財界主権・ニッポン　買収政治の構図に迫る』日本機関紙出版センター
2015年	
2月	単著『告発!「政治とカネ」　政党助成金20年、腐敗の深層』かもがわ出版
10月22日	内閣官房報償費（機密費）使途文書情報公開訴訟（第3次訴訟菅長官分）で大阪地裁が不開示処分の一部を取消す判決（原告勝訴）。原告も被告国も控訴

2016年	
1月	単著『追及！民主主義の蹂躙者たち　【戦争法廃止と立憲主義復活のために】』日本機関紙出版センター
2月24日	内閣官房報償費（機密費）使途文書情報公開訴訟（第1次訴訟菅長官分・第2次訴訟河村長官分）で大阪高裁が第1次訴訟大阪地裁と同じ判決。原告も被告国も上告
10月6日	内閣官房報償費（機密費）使途文書情報公開訴訟（第3次訴訟菅長官分）で大阪高裁が原告逆転敗訴判決。原告上告
10月	単著『追及！安倍自民党・内閣と小池都知事の「政治とカネ」』日本機関紙出版センター
2017年	
4月20日	全国300名以上の弁護士・研究者の賛同を得て「国有地低額譲渡の真相解明を求める弁護士・研究者の会」（代表：阪口徳雄弁護士、後に共同代表・菅野園子弁護士）結成に参加

6月6日	「近畿財務局と森友学園との交渉・面談記録」等の開示を求めて大阪地裁に提訴（原告）：財務省森友第1次訴訟
4月	単著『日本国憲法の真価と改憲論の正体　施行70年　希望の活憲民主主義をめざして』日本機関紙出版センター
7月13日	財務省「森友学園」事件で財務省職員らを背任罪（刑法第２４７条）・証拠隠滅罪（同第１０４条）で大阪地検に告発
10月2日	森友学園「●●小学校設置趣意書」不開示処分の取消しを求めて大阪地裁に提訴（原告）：財務省森友第2次訴訟
11月20日	近畿財務局が森友学園の管財人の意見書（２０１７年11月14日）を受けて「●●小学校設置趣意書」不開示を撤回し開示決定
11月30日	森友学園「開成小学校設置趣意書」不開示国家賠償訴訟を大阪地裁に提起（２０１８年1月19日不開示取消の訴えを取下げ）：財務省森友第3次訴訟
12月22日	内閣官房報償費（機密費）の使途の情報公開訴訟で最高裁第2小法廷口頭弁論

2018年	
月19日	内閣官房報償費（機密費）の使途の情報公開訴訟で最高裁第2小法廷が一部勝訴判決（原告の1人）
2月	単著『ここまできた小選挙区制の弊害　アベ「独裁」政権誕生の元凶を廃止しよう！』あけび書房
4月18日	財務省「森友学園」事件で財務省職員らを公文書変造罪（刑法155条2項）で大阪地検に告発
5月30日	財務省「森友学園」事件で財務省職員らを公用文書毀棄罪（刑法第258条）で大阪地検に告発
5月31日	大阪地検特捜部が財務省「森友学園」事件で背任罪・証拠隠滅罪等の告発、公文書変造罪、公用文書毀棄罪の告発につきいずれも不起訴処分
7月	単著『内閣官房長官の裏金　機密費の扉をこじ開けた4183日の闘い』日本機関紙出版センター
12月	単著『安倍「4項目」改憲と建前と本音』日本機関紙出版センター

2019年	
3月14日	森友学園「開成小学校設置趣意書」不開示処分国家賠償訴訟（財務省森友第3次訴訟）で大阪地裁が請求認容判決（原告勝訴）
3月29日	財務省「森友学園」事件で大阪第一検察審査会が背任罪（三好泰介・池田靖）「不起訴不当」、公文書変造罪（佐川宣壽・中村稔・田村喜啓）「不起訴不当」、公用文書毀棄罪（佐川宣壽・中村稔・田村喜啓）「不起訴不当」
4月2日	「近畿財務局と森友学園との交渉・面談記録」等は不開示だったとして、その決定を近畿財務局が取消し原告に開示決定（財務省森友第1次訴訟で国家賠償に請求を7月8日変更申請。同月30日地裁が許可）
2020年	
3月	単著『逃げる安倍総理　壊れる行政　追及!!「桜を見る会」&「前夜祭」』日本機関紙出版センター
4月	冨田宏治・上脇博之・石川康宏『いまこそ、野党連合政権を！　真実とやさしさ、そして希望の政治を』日本機関紙出版センター

2021年	6月1日	黒川弘務東京高検検事長任期延長閣議決定に関する法務・人事・内閣法制開示・不開示処分の取消しを求めて大阪地裁に提訴（原告）：黒川第1次訴訟
	6月25日	「近畿財務局と森友学園との交渉・面談記録」等不開示処分国家賠償訴訟（財務省森友第1次訴訟）で大阪地裁は請求認容判決（原告勝訴）。真相解明を求め7月1日大阪高裁に原告控訴。
	9月28日	アベノマスク単価等厚生労働・文科不開示処分の取消等を求め大阪地裁に提訴（原告）：アベノマスク第一次訴訟（単価訴訟）
	9月末	単著『忘れない、許さない！　安倍政権の事件・疑惑の総決算とその終焉』かもがわ出版
	10月14日	内閣官房開示期限延長決定違法行政訴訟を大阪地裁に提起（原告）
	11月	「政府の公文書のあり方を問う弁護士・研究者の会」（代表：阪口徳雄弁護士・菅野園子弁護士）結成に参加

1月	単著『政党助成金、まだ続けますか？　安倍自民党本部主導選挙・河井議員夫妻「1億5千万円買収事件」から』日本機関紙出版センター
2月22日	アベノマスク契約締結経過文書の厚生労働・文科「不存在」不開示決定の取消しを求め大阪地裁に提訴（原告）：アベノマスク第2次訴訟
4月1日	上脇博之・阪口徳雄・前川喜平・小野寺義象・石戸谷豊・岡田正則・松宮孝明『ストップ国政の私物化　森友・加計、桜、学術会議の疑惑を究明する』あけび書房
7月16日	「近畿財務局と森友学園との交渉・面談記録」等不開示処分国家賠償訴訟（財務省森友第1次訴訟）で大阪高裁は請求棄却判決。上告。
2022年	
1月13日	黒川弘務東京高検検事長任期延長閣議決定に関する法務省意思形成過程文書不開示処分の取消しを求め大阪地裁に提訴（原告）：黒川第2次訴訟
2月22日	「近畿財務局と森友学園との交渉・面談記録」等不開示処分国家賠償訴訟（財務省森友第1次訴訟）で最高裁は上告棄却決定。原告勝訴確定。

5月	河井疑惑をただす会・上脇博之『だまっとれん　河井疑惑　まだ終わっていない』日本機関紙出版センター
6月	佐高信・半田滋・小出裕章・大門みきし・上脇博之・矢野宏著、西谷文和（編集）『聞くだけの総理 言うだけの知事 ウクライナからカジノまで すべてのウソを徹底分析（路上のラジオ）』日本機関紙出版センター
6月	単著『日本維新の会の「政治とカネ」「身を切る改革」の正体を暴く』日本機関紙出版センター
12月	単著『憲法の破壊者たち　自民・国民・維新・勝共・日本会議の改憲案を検証する』日本機関紙出版センター
2023年	
2月2日	内閣官房開示期限延長決定違法行政訴訟で大阪地裁が請求棄却判決（原告敗訴）
2月28日	アベノマスク単価等情報公開訴訟（単価訴訟）で大阪地裁が厚生労働・文科の不開示処分を取消して開示を命じる判決（原告勝訴。2週間後に勝訴確定）
3月15日	宗教法人「世界基督教統一神霊協会」規則変更認証決裁文書の文科不開示処分の取消等を求め大阪地裁に提訴（原告）

第2章　独裁化・暴走する政治情勢

第一節　過剰代表され続けてきた改憲政権

◆予想以上の独裁化

日本国憲法の議会制民主主義からますます遠ざかった1994年「政治改革」（政治改悪）から、30年近くが経過しようとしています。一部の報道を除き緊張感のないマスコミ報道の中、国民の新たな抵抗運動によって日本国憲法の明文改悪を阻止してきた一方、私の予想通り、否、それ以上に日本の政治・行政は独裁化に向けて進行し、政権は暴走し戦争できる国づくりが強行されてきました。議会制民主主義が実現していないから簡単に政権は暴走できてきたのです。そのことを確認しておきましょう。それは、前述した訴訟の提起や刑事告発をしてきた政治情勢を知っていただくことになりますし、今後もその活動を続けなければならない政治情勢を知っていただくことにもなるからです。

◆上げ底政権与党

まず、衆参の国政選挙の結果です。衆議院議員を選出する選挙制度のうちの小選挙区選挙と、参議院議員を選出する選挙制度のうちの選挙区選挙（事実上の1人区・2人区の多い準小選挙区制）は、民意を歪曲するものであり、議会制民主主義の要請に反する違憲の選挙制度だと指摘しましたが、その通りの結果が出てきました。

例えば、第2次安倍晋三内閣を生み出した２０１２年衆議院議員総選挙の小選挙区選挙では、自民党の全候補の得票率の合計は43%でしたが、過剰代表され小選挙区選挙の議員定数に占める同党議員数の占める割合（議席占有率）は79%もあったのです。こうして自公両党が圧勝し、第2次安倍政権が誕生したのです。そして、その後、安倍政権が暴走しても、国民に痛みを強いても、与党第1党の過剰代表を生み出し野党支持者の投票意欲を奪い棄権を誘う選挙制度（衆議院小選挙区選挙・参議院選挙区選挙）のお陰で安倍政権は存続できたのです。

また、参議院議員を選出する選挙制度のうちの選挙区選挙も、小選挙区選挙と類似しているので、与党第1党の過剰代表を生み出してきましたし、衆参いずれも、比例代表選挙の選挙結果を含め、憲法改悪を目指している自民党などの勢力が改憲の国会発議に必要な「3分の2」を超える議席を得てきたのです。

民意を一番正確・公正に反映する比例代表選挙の結果に基づくと政権与党の得票率は２００５年衆議院総選挙を除き50%を超えていないので、衆議院小選挙区選挙・参議院選挙区選挙の過剰代表に基づく「上げ底政権与党」が生まれ、民意の多数派とのねじれが作り出されているのです（上脇博之『こまできた小選挙制の弊害』あけび書房・２０１８年）。

衆議院小選挙区選挙も参議院選挙区選挙も立候補の時点で現職優先になる上に、世襲議員の多い保守政党ほど男性優先なので、どうしても男性が過剰代表され、女性が過少代表されてきました。

過去の衆議院総選挙における「小選挙区選挙」での第1党の選挙結果

総選挙年	議員定数	第1党	当選者数	議席占有率	得票率
1996年	300	**自民党**	169人	56.3%	38.6%
2000年	300	**自民党**	177人	59.0%	41.0%
2003年	300	**自民党**	168人	56.0%	43.9%
2005年	300	**自民党**	219人	73.0%	47.8%
2009年	300	民主党	221人	73.7%	47.4%
2012年	300	**自民党**	237人	**79.0%**	**43.0%**
2014年	295	**自民党**	222人	75.3%	48.1%
2017年	289	**自民党**	215人	74.4%	47.8%
2021年	289	**自民党**	187人	64.7%	48.1%

2013年以降の参議院通常選挙における「選挙区選挙」での第一党の結果

年	事実上の議員定数	第1党	当選者数	議席占有率	得票率
2013年	73	自民党	47人	64.38%	42.7%
2016年	73	自民党	36人	49.32%	39.94%
2019年	74	自民党	38人	51.35%	39.77%
2022年	75	自民党	45人	60.00%	38.74%

参議院議員は半数改選なので、通常選挙では法律上の議員定数の半分が事実上の議員定数となる。

衆議院総選挙における「比例代表選挙」での連立与党の得票率

1996年	自民党	社民党	新党さきがけ	合計
	32.76%	6.38%	1.05%	40.19%
2000年	自民党	公明党	保守党	合計
	28.31%	12.97%	0.41%	41.69%
2003年	自民党	公明党		合計
	34.9%	14.78%		49.68%
2005年	自民党	公明党		合計
	38.18%	13.25%		51.43%
2009年	民主党	国民新党	社民党	合計
	42.41%	1.73%	4.27%	48.41%
2012年	自民党	公明党		合計
	27.62%	11.83%		39.45%
2014年	自民党	公明党		合計
	33.11%	13.71%		46.82%
2017年	自民党	公明党		合計
	33.28%	12.51%		45.79%
2021年	自民党	公明党		合計
	34.66%	12.38%		47.04%

2013年以降の参議院通常選挙における「比例代表選挙」での連立与党の得票率

2013年	自民党	公明党	合計
	34.68%	14.22%	48.90%
2016年	自民党	公明党	合計
	35.91%	13.53%	49.44%
2019年	自民党	公明党	合計
	35.37%	13.05%	48.42%
2022年	自民党	公明党	合計
	34.43%	11.66%	46.09%

第2節　改憲勢力の政治資金はバブル状態で多額の使途不明金

◆自民党本部の政治資金はバブル状態

政党交付金制度は、衆参の選挙結果をその交付額の決定に流用しているので、衆参の選挙制度で過剰代表された自民党などの改憲勢力は政党交付金も過剰交付されてきました。その結果、憲法違反で議会制民主主義に反する企業献金と政党交付金のお陰で、改憲政党である自民党本部の政治資金はバブル状態なのです。政党交付金の算定の基準となったバブル経済時代の１９８０年代後半の政治資金収入（「前年からの繰越額」を除く）と比べても、自民党の近年の政治資金収入（同）は多いのです。

その原因は、同党の政治資金の純収入（「前年からの繰越額」及び借入金を除く）の70％前後を占める政党交付金収入のお陰なので、同党は国営政党状態なのです。

◆政治資金における実際の使途不明金

前述したように、政治資金規正法は、国会議員などの「公職の候補者」の選挙運動を除く政治活動のために寄付することを禁止しています（第21条の2第1項）が、その寄付者が「政党」（本部又は支部）の場合だけは例外として許容しています（第21条の2第2項）。

この条項に乗じて、多額の使途不明金が生じているのです。例えば、最大の改憲政党である自民党は、「組織活動費」の支出の一形態として「政策活動費」名目等で幹事長ら20名前後（近年）に何億円も

自民党本部の政治資金収入（バブル時代4年と直近4年）…「前年からの繰越金」を除く

年	本年の収入	年	本年の収入
1986年 （衆参同日選挙）	約205.5億円	2018年	約262.9億円
1987年 （統一地方選挙）	約149.9億円	2019年 （参議院通常選挙）	約244.9億円
1988年	約222.8億円	2020年	約240.8億円
1989年 （参議院通常選挙）	約246.2億円	2021年	約243.9億円
平均	**約206.1億円**	平均	**約248.1億円**

自民党の「本年の純収入」（「前年からの繰越金」及び借入金を除く）、政党交付金（税金）の占める割合…国営政党状態

年（国政選挙）	本年の純収入	その内の 政党交付金	**政党交付金の 割合**
2015年 （統一地方選挙）	約257.5億円	約174.4億円	**約72.3%**
2016年 （参議院通常選挙）	約241.3億円	約174.4億円	**約72.3%**
2017年 （衆議院総選挙）	約243.6億円	約176.0億円	**約72.2%**
2018年	約262.9億円	約174.9億円	**約66.5%**
2019年 （参議院通常選挙）	約244.9億円	約176.5億円	**約72.1%**
2020年	約239.8億円	約172.6億円	**約72.0%**
2021年 （衆議院総選挙）	約239.0億円	約169.5億円	**約70.9%**
合計	約1,729億円	約1,218.3億円	**約70.5%**

自民党本部の「政策活動費」名目で幹事長らへの支出額と受領議員数（2012年～2021年）

年	政策活動費支出	受領人数	受け取った議員と合計金額（1億円以上に限定紹介）	国政選挙
2012年	9億6,510万円	19人	石破　茂　2億6,000万円（9月から幹事長） 安倍晋三　2億5,000万円（10月から総裁） 石原伸晃　2億780万円（9月まで幹事長）	衆院選
2013年	12億9,080万円	14人	石破　茂　10億2,710万円（幹事長）	参院選
2014年	15億9,260万円	13人	谷垣禎一　8億5,950万円（9月から幹事長） 石破　茂　5億1,140万円（8月まで幹事長）	衆院選
2015年	12億3,920万円	22人	谷垣禎一　7億880万円（幹事長） 茂木敏充　1億5,550万円（選対委員長）	
2016年	17億390万円	19人	谷垣禎一　6億7,950万円（8月まで幹事長） 二階俊博　5億250万円（総務会長、8月から幹事長） 吉田博美　1億2,000万円（参院国対委員長、7月末から参院幹事長） 茂木敏充　1億190万円（選対委員長、8月から政調会長）	参院選
2017年	19億1,730万円	20人	二階俊博　13億8,290万円（幹事長） 吉田博美　1億円（参議院幹事長）	衆院選
2018年	12億1,320万円	19人	二階俊博　8億3,270万円（幹事長）	
2019年	12億9,010万円	18人	二階俊博　10億710万円（幹事長）	参院選
2020年	9億8,330万円	12人	二階俊博　6億3,200万円（幹事長） 福井　照　1億4,150万円（経理局長）	
2021年	17億2,870万円	26人	二階俊博　4億3,910万円（9月まで幹事長） 甘利　明　3億8,000万円（10月・11月幹事長） 茂木敏充　2億4,520万円（11月から幹事長） 関口昌一　1億3,700万円（参議院議員会長） 遠藤利明　1億1,650万円（10月から党選挙対策委員長）	衆院選

の政治資金を毎年寄付しており、それは受領した各国会議員の「資金管理団体」で収支報告書に報告するべきですが、そのような解釈・運用を行わず、最終的に何に支出されたのか、一切不明になっているのです。

以上のような使途不明金は、自民党の多くの都道府県支部連合会・各党支部でも行われています。本部でも支部でも使途不明金があり、「政治家の掴み金」とか「裏金」「闇金」とも揶揄されているのです。

この使途不明金は、会計帳簿上は政党交付金（政党助成金）ではないのですが、納税者からすると、お金に色がついているわけではないので実質的には政党交付金と見なすべきです。政党交付金があるお陰で、それ以外の政治資金で使途不明金が確保できるからです。

自民党以外にも同様に使途不明金のある政党がありますが、自民党の使途不明金の金額は突出して高額です（参照、前掲・上脇『政党助成金、まだ続けますか？』第1編第3章）。

◆内閣官房機密費の9割は領収書不要の使途不明金

内閣官房報償費（機密費）は、内閣官房のために支出しなければならない公金であるにもかかわらず、まるで政治資金であるかのように私物化されているとの疑惑があったことも、すでに紹介しました。

現在では、目的別に「政策推進費」「調査情報対策費」「活動関係費」があり、そのうち、「政策推進費」は公式の出納帳は存在せず、官房長官自身が管理して自らの判断で支出ができ、必ずしも領収書の徴収を要しないのです。私が共同代表を務める「政治資金オンブズマン」は、前述したように、内閣官房報償費の使途の原則公開を求めて11年余り裁判闘争し、最高裁第2小法廷判決（２０１８年1月19日）は私たち原告の請求の一部を認め、後日関係文書が私たちに開示されました。

近年における内閣官房報償の年間総額は約12億円ですが、そのうち、「政策推進費」が約9割とい

内閣官房報償費の目的類型、各出納管理者・内容・支出先

目的別	出納管理者	内　容	支出先
政策推進費	内閣官房長官	関係者の合意や協力を得るための対価	合意・協力者
		有益な情報を得るために支払われる対価	情報提供者
調査情報対策費	事務補助者	情報提供の対価	情報収集・協力依頼の相手方
		情報収集のための会合の経費	会合事業者（料亭、ホテル等）
活動関係費	事務補助者	交通費	交通事業者（タクシー、ハイヤー等）
		会合費	会合事業者（料亭、ホテル等）
		書籍類	書店
		活動経費	情報収集・協力依頼の相手方
		贈答品	事業者
		謝礼	情報収集・協力依頼の相手方
		慶弔費	慶弔の相手方
		支払関係（振込手数料）	銀行等の金融機関

う実態が最高裁判決後に関係文書が開示されたことで判明しました。「政策推進費」の支出においては領収書の徴収が不要なため会計検査院も実質的な審査はできず、内閣官房長官が目的外支出を行い易い公金なのです。つまり、内閣官房報償費12億円の9割は、内閣官房長官の裏金になっているのです（前掲・上脇『内閣官房長官の裏金　機密費の扉をこじ開けた4183日の闘い』）。

その後も、内閣官房報償の9割前後は領収書の不要な「政策推進費」として官房長官が支出しています（「菅氏、1日307万円×2822日支出　官房機密費の〝つかみ金〟86億円超　総裁選中もきっちり使う」しんぶん赤旗2021年1月4日、「官房機密費「政策推進費」〝領収書不要金〟菅前内閣12・4億円　加藤官房長官　退任直前　会見日も8500万円支出」同2022年2月3日、「15億円　岸田内閣の官房

機密費　領収書不要97％　〃使途秘匿金〃が増加　情報公開請求で本紙が資料入手」同2023年4月2日)。

「政策推進費」は、その一部が政治資金のように目的外支出され、政治や選挙の裏金として支出されている可能性が高いのです。

第3節　改憲と政権の暴走

◆明文憲法改悪は各論の時代へ

１９９４年の「政治改革」は、民意を歪曲して改憲勢力に「3分の2」を超える議席を与えることが可能になるので、その結果として憲法「改正」を実現する、という策動だったのです。その見方は、現に改憲勢力が「3分の2」以上の議席を得て改憲を具体的に主張してきましたから妥当だったことがわかります（上脇博之『安倍改憲と「政治改革」』日本機関紙出版センター・２０１３年）。

ですから、１９９４年の「政治改革」は、〃日本国憲法が要請する議会制民主主義を実現するための真の政治改革〃ではなく、〃アメリカの軍事的要求に応えて、改憲勢力を過剰代表させて憲法改悪を実現するための手段〃だったのです。現にその方向で自民党はその後、戦争できる国づくりのために日本国憲法の破壊に突き進みました（１２８頁の「アメリカの要求と日本の対応」の一覧を参照）。ここで詳述する余裕がないので明文改憲を中心に極簡単に紹介しましょう。

自民党は２００５年10月28日に「新憲法草案」を、野党時代の２０１２年4月27日には「日本国憲法改正草案」を、それぞれ発表しました。これは、国民主権主義、非軍事平和主義、基本的人権尊重主義、議会制民主主義及び地方自治も、明らかに骨抜きにする内容であり、改憲の手続きを経て行なえる「憲法改正の限界」を超える違憲・無効の憲法改悪です（上脇博之『自民改憲案 vs 日本国憲法』日本機関紙出版センター・２０１３年）。

もっとも、国民の憲法改悪阻止運動・護憲運動の結果、国民の反対が強いため、安倍晋三内閣は、明文改憲がすぐに強行できないと判断し、２０１４年7月1日に集団的自衛権（他衛権）行使を「合憲」とする違憲の閣議決定（更なる「解釈改憲」）を強行し、２０１５年9月19日には安倍自公政権による違憲の戦争法の制定（「立法改憲」）が強行されました（上脇博之『日本国憲法の真価と改憲論の正体』日本機関紙出版センター・２０１７年）。

その後、日本国憲法の全面改憲が不可能と判断し、２０１８年3月26日には、「自民党憲法改正推進本部条文イメージ（たたき台素案）」を公表し、改憲を「4項目」（実際は7項目）に限定する改憲案を発表しましたが、「憲法改正の限界」を超える違憲・無効の憲法改悪であることに変わりはありません（上脇博之『安倍「4項目」改憲と建前と本音』日本機関紙出版センター・２０１８年）し、以上の憲法改悪には「世界基督教統一神霊協会」（２０１５年からは「世界平和統一家庭連合」）の影響があることも見逃せません（上脇博之『憲法の破壊者たち　自民・国民・維新・勝共・日本会議の改憲案を検証する』（日本機関紙出版センター・２０２２年）。

アメリカの要求と日本の対応

アメリカの日本への要求（日米合意を含む）	日本の対応
・「日米安保共同宣言」により「地球規模の問題についての日米の協力」を宣言（1996年4月17日） ・新ガイドライン（新日米防衛協力指針）では、日本が直接攻撃を受けていなくても「日本周辺における日本の平和と安全に重要な影響を与える事態」である「日本周辺事態」を「地理的概念ではない」と合意。日米安保はグローバル化（1997年9月23日）。	・アメリカの戦争を支援するための周辺事態法など新ガイドライン関連法（1999年5月）:「対応措置」（後方地域支援、後方地域捜索救助活動、船舶検査活動など）…ただし、1999年の周辺事態法では「日本周辺事態」には地球の裏側を含むとは答弁しなかった。
第1次アーミテージレポート「米国防大学国家戦略研究所（INSS）特別報告［合衆国と日本―成熟したパートナーシップに向けて］」（2000年10月11日）には、「有事法の制定も含めて、新日米防衛協力指針の着実な実施」ということが安	・「同時多発テロ」を受けたアメリカのアフガニスタンへの国際法違反の「報復戦争」を支援するテロ対策特別措置法（2001年10月）:「対応措置」（協力支援活動、捜索救助活動、被災民救助活動など）

全保障における日本への要求として明記。 ・「私は2000年に『アーミテージ・リポート』という21世紀の日本の安全保障のあり方を記した報告書を発表しました。最近もそれに関する記事を書いており、そこで憲法9条が（日米同盟や国際社会の安定のために軍事力を用いる点で）邪魔になっている事実を挙げました。連合軍の共同作戦をとる段階で、ひっかからざるを得ないということです。それが偽らざる所懐です。」（リチャード・アーミテージ「緊急発言・憲法9条は日米同盟の邪魔物だ」『文藝春秋』2004年3月号128頁［131－132頁］。）		・第2次アーミテージレポート「米日同盟2020年に向けアジアを正しく方向付ける」（2007年2月16日）
・アメリカの国際法違反の先制攻撃に基づく軍事占領を支援するための「イラク復興支援」特別措置法の制定（2003年7月26日） ・有事立法第1弾（2003年6月6日成立）：武力攻撃事態対処法、自衛隊法「改正」、安全保障会議設置法「改正」 ・有事立法第2弾（2004年6月14日成立）：「国民保護法案」「米軍行動円滑化法案」「外国軍用品等海上輸送規制法案」「自衛隊法改正案」「交通・通信利用法案」「捕虜等取り扱い法案」「国際人道法違反処罰法案」	・自民党「新憲法草案」（2005年）	・2007年年10月、「テロ対策海上阻止活動に対する補給支援活動の実施に関する特別措置法案」（いわゆる補給支援法）を提出し、

	２００８年1月、与党が「3分の2」以上の議席を占めている衆議院で同法案を再可決し成立を強行。
・第3次アーミテージレポート「日米同盟―アジアの安定をつなぎ止める―」（２０１２年8月15日）	・自民党「日本国憲法改正草案」（２０１２年）
	・安倍内閣が集団的自衛権（他衛権）行使を「合憲」とする閣議決定（更なる「解釈改憲」）（２０１４年7月1日）
・新ガイドライン（新日米防衛協力指針）（２０１５年4月27日）	・安保関連法＝戦争法制定（「立法改憲」）（２０１５年9月19日）
	・「自民党憲法改正推進本部条文イメージ（たたき台素案）」公表（２０１８年3月26日）
・第4次アーミテージレポート「21世紀における日米同盟の再構築」（２０１８年10月3日）	

・第5次アーミテージレポート「2020年の日米同盟　グローバルな課題での対等な同盟」（2020年12月7日）	
	・岸田内閣が安保関連3文書（「国家安全保障戦略」「国家防衛戦略」「防衛力整備計画」）を閣議決定（2022年12月16日）

◆憲法改正国民投票では買収し放題の可能性大

企業献金、政党助成金、内閣官房や政党の使途不明金は、改憲でも投入されると予想すべきです。憲法改正の国民投票では、広告・広報活動が原則自由であるため、莫大なカネが投じられるだろうと指摘されています。そのため、有料のテレビ・ラジオCM広告などが自民党など改憲勢力の高額なカネによって行われるので全く〝公平〟ではないのではないかと危惧されています。

その視点以上に問題視すべきことは、違憲・違法な企業献金、違憲の政党助成金、知る権利の保障に反する使途不明金があるがゆえに〝公正さ〟がない点なのです（上脇『安倍「4項目」改憲の建前と本音』日本機関紙出版センター・2018年、同『憲法の破壊者たち　自民・国民・維新・勝共・日本会議の改憲案を検証する』日本機関紙出版センター・2022年）。

自民党本部の政治資金における「翌年への繰越額」

年	翌年への繰越額	うち政党交付金（基金）	国政選挙
2012年	13億9,789億円	1億3,006万円	12月衆議院総選挙
2013年	24億6,258万円	7億2,314万円	参議院通常選挙
2014年	53億6,433万円	8億5,821万円	12月衆議院総選挙
2015年	112億8,237万円	86億9,287万円	
2016年	133億6,633万円	124億6,634万円	参議院通常選挙
2017年	134億3,856万円	112億7,516万円	10月衆議院総選挙
2018年	185億9,172万円	165億6,458万円	
2019年	188億9,407万円	172億6,136万円	参議院通常選挙
2020年	244億1,976万円	239億5,603万円	
2021年	215億9,320万円	214億1,414万円	10月衆議院総選挙

その点でさらに言えば、公職選挙法には「買収及び利害誘導罪」（第221条）と「多数人買収及び多数人利害誘導罪」（第222条）が明記されていますが、憲法改正の国民投票では「買収・利害誘導罪」は「組織的多数人に対する場合に限定されています（日本国憲法の改正手続に関する法律第109条）。また、国民投票の結果の無効を求める訴訟は、中央選挙管理会が「憲法改正案に対する賛成の投票の数及び反対の投票の数、投票総数（……）並びに憲法改正案に対する賛成の投票の数が当該投票総数の2分の1を超える旨又は超えない旨を官報で告示」（憲法改正国民投票法第98条第2項）した日から「30日以内」に提訴することを要件にしている（同法第127条）ので、「組織による多数人買収」を理由にした国民投票無効訴訟の提起には間に合いません。つまり、憲法改正の国民投票は買収し放題になるおそれがあるのです。

この点では、自民党本部が政党交付金のお陰で「翌年への繰越額」を増やし続け、なんと2020年以降は

200億円を超えていることに注目する必要があります。同党が交付を受けた政党交付金全額が事実上翌年に繰り越されている計算になります。国民からすると、毎年の政党交付金は不要でもあるのです。

◆新自由主義と政権の私物化

また、与党の自民党は財界政党ですから、労働者や社会・経済的弱者に痛みを強いる悪政も簡単に実現できることになり、独裁政治に近い暴走が容易になることを意味してもいます。現に、1994年「政治改革」前は、イギリスのサッチャー主義、アメリカのレーガン主義という新自由主義が台頭していました。

現に、その後の政治・行政はその方向で進みました。戦争できる国づくりは新自由主義とワンセットだからです。まず自公政権は、福祉国家政策を否定し、「構造改革」という名の新自由主義政策を強行して非正規社員や貧困層を大量に生み出し、国民に自己責任を強いて日本社会を格差社会に陥れてきました。格差社会をつくっても、財界政党である自民党の政治資金は政党交付金のお陰で十二分に確保できるので、庶民からコツコツと政治資金を集めなくても全く困らないのです。

もっとも、そうすると支持者・投票者が減ります。例えば、自民党の党員数のピークは1991年の約547万人で、1998年以降は減少し続け、2012年末には73万人台まで落ち込みました（「自民党員数　16年ぶり増加　78万人台に」産経新聞2014年4月21日19時36分）。それでも選挙で勝とうとすると買収や違法寄付、裏金づくりなど「政治とカネ」事件・問題を起こしてしまうのです。

また自公政権は、「桜を見る会」事件、加計学園獣医学部事件、財務省「森友学園」国有地事件、日本学術会議任命拒否事件などが教示しているように、簡単に暴走してきました。2005年郵政解散総選挙で小泉自民党が郵政民営化法案に賛成しなかった衆議院議員を公認せず刺客を送り込んで落選させ同党議員を震え上がらせたことが象徴しているように、選挙制度も政治資金制度も党首選で選出される自民党総裁の党内権限（公認権と政治資金配分権）を強化し派閥の力を弱体化させてきたので内閣総理大臣の権限も強化されて、官邸主導で政治・行政の暴走が簡単にできるようになったのです（上脇『逃げる総理　壊れる行政～追及!!「桜を見る会」＆「前夜祭」』日本機関紙出版センター・2020年、同『忘れない、許さない！～安倍政権の事件・疑惑の総決算とその終焉』かもがわ出版・2020年、上脇博之・阪口徳雄・前川喜平・小野寺義象・石戸谷豊・岡田正則・松宮孝明『ストップ!!　国政の私物化～森友・加計、桜、学術会議の疑惑の究明する』あけび書房・2021年）。

第４節 「政治とカネ」事件の刑事告発での経験と学習

◆議会制民主主義と「政治とカネ」問題

本書第１部で指摘した〝日本国憲法が要請する議会制民主主義〟が実現している状態と実現していない状態とでは、「政治とカネ」問題の起こる意味も本質的に違ってきます。

今のように議会制民主主義が実現しない状況において、例えばある大臣の「政治とカネ」問題が発覚しても、当該大臣が小選挙区選挙選出の衆議院議員であれば、他の小選挙区選挙や比例代表選挙に大きな影響がないでしょう。国民から寄付が集まらなくなっても政党交付金という税金で政党の財政は十分賄えます。ですから、当該大臣の「政治とカネ」問題は当該大臣の個人的な問題として処理され、所属政党は厳しい処分を求める声が出ず、内閣の支持率を考慮して判断するだけに終わります。

一方、議会制民主主義が実現している状態では、小選挙区選出議員は存在せず、すべて比例代表選挙選出議員になるし、政党交付金は存在せず企業献金が禁止されているので、例えば、ある大臣の「政治とカネ」問題が発覚すれば、当該大臣の所属政党の支持率や次の国政選挙での得票率は低下し、他の所属議員の当落を左右しますし、寄付が集まらなくなると所属政党は財政的に困るので、所属政党内で当該大臣の「政治とカネ」問題の処分を求める声が厳しくなるでしょう。私たち国民があえて刑事告発する必要もなくなるかもしれません。

ですから、議会制民主主義が実現するまでは「政治とカネ」問題で私たち国民は刑事告発せざるをえないと考えているのです。

◆私も刑事告発の方法を学習

前述した政治情勢を目の当たりにして、私は刑事告発を継続しなければならないと思い続けてきました。自民党など保守政権の暴走はバブル状態の政治資金でも現れます。新自由主義政策の強行により支持者が離れる中、それでも当選しようとして「政治とカネ」事件を引き起こすからです。

もっとも私は憲法研究者であり、刑事法研究者でも司法試験に合格した弁護士でもありません。したがって、1994年「政治改革」直後に、私一人では刑事告発する能力はありませんでした。そんな私が刑事告発できたのは、すでに説明しましたように、頼りになる弁護士さんらと一緒に市民運動し、弁護士さんのご尽力・ご協力があったからです。弁護士さんに告発状を作成していただき、その弁護士さんの呼びかけで多くの弁護士さんが告発代理人になってくださいました。こうして私は告発人として刑事告発してきたのです。

最初の刑事告発をしたのは、すでに紹介したように2000年2月でしたし、その告発後に電話連絡くださった阪口徳雄弁護士のお誘いで刑事告発運動を継続的に行なってきました。私の20年余りの刑事告発のそのほとんどは阪口弁護士のお誘いで一緒に市民運動の一環として行なってきたものばかりです。その運動の一部については、すでに紹介しましたし、これまで出版した複数のブックレットで紹介していますので、ここでは割愛します。

◆「政治とカネ」事件の刑事告発の強み

政治資金規正法違反や公職選挙法違反など「政治とカネ」事件の刑事告発の強みは、政治資金収支報告書、選挙運動費用収支報告書あるいは領収書等、客観的証拠があることです。

もちろん、それだけで刑事告発できるものばかりではありません。報道機関のスクープ報道には、告発できる十分な証拠のある報道もあれば、そうでない報道もありますが、報道機関のスクープ報道があったからこそ刑事告発できたという事件も少なくありません。それらの判断をしてくださるのが専門家である弁護士さんです。そのご尽力のお陰で刑事告発できるのです。

以上の刑事告発運動を通じて専門外の私も告発状の書き方を学習しました。弁護士のみなさんはお忙しいので、私が告発状のたたき台を書くことも多くなりました。これまで一緒に活動・運動してきた阪口弁護士も年々歳を重ねられてこられました。私が原告の訴訟における弁護団長も阪口弁護士です。刑事告発では阪口弁護士に依存してばかりではいけません。そろそろ私一人でも行なう必要があります。これまでの経験を活かして、近年では、私が一人で告発状を書いて一人で地検に告発するようにもなりました。また、阪口弁護士から学んだノウハウを受け継いで、新たな広がりをつくって刑事告発運動につなげる必要もあります。

そう考えて実践する憲法研究者が日本に一人くらいいてもいいでしょう。♪ファイト♪（作詞作曲／中島みゆき）

第3部

近年の刑事告発と市民による告発

第1章　政治資金の〝収入〟問題の告発

第1節　寄付収入よりも低いパーティー収入の透明度

◆はじめに

　この第3部では、近年の刑事告発に限定して紹介します。近年においても、従来のように阪口徳雄弁護士に筆頭代理人になっていただき地方検察庁（地検）に刑事告発した事件（例えば2019年の河井杏里参議院議員・克行衆議院議員夫妻買収事件等）がありますが、ここでは、それ以外の事件を紹介します。そもそも弁護士さんに代理人になっていただかずに自ら告発状を作成して刑事告発した事件、その中には私一人だけで刑事告発した事件、知り合いの研究者に呼びかけた事件があります。

　さらに、阪口弁護士以外の弁護士が代理人になっていただいた事件、また多くの市民の方々が告発人になって告発運動が広がり始めていることも紹介します。ただし、地方議員や知事の事件の刑事告発は残念ながら紹介できません。

　以下では一応、政治資金の収入問題と支出問題に大きく分けて紹介しますが、両問題が事件になったものもありますし、収入が問題になれば支出も問題になる場合もあります。また、地検に告発状を送付しても、正式に受理されるとは限りませんし、受理されても地検が必ず起訴するわけではありませんので、ご留意ください。なお、地検（検察官）が不起訴にした場合、市民11名で構成される検察審査会に「起訴相当」議決を求めて審査申立てすることができます（1回めの「起訴相当」議決後に検察が不起訴にしても検察審査会が2回めの「起訴相当」議決を行なえば、裁判所の指定した弁護士が検察官役になって強制起訴がなされます）。

◆寄付と政治資金パーティーの収入源の違い

まず収入問題の刑事告発を紹介します。収入問題と言っても様々なものがあり、これまで複数のブックレットでも事件を紹介してきました。ここでは、特に政治資金パーティー収入事件を取り上げます。それゆえ、刑事告発した事件の紹介の前に、政治資金パーティー収入について透明度が寄付収入に比べて低いことを解説しておきましょう。

政治資金規正法（以下「規正法」という）によると、企業や労働組合から政治活動に関する寄付（政治献金）を受け取れるのは、「政党」と「政治資金団体」（政党のために資金上の援助をする目的を有する団体）だけです（なお、「政治資金団体」で最も有名なのは、自民党の「国民政治協会」です）。「政党」「政治資金団体」以外の政治団体は、企業や労働組合からの政治献金を受け取れません。

一方、規正法は、寄付収入と政治資金パーティ収入とを区別し、両者を異なるものとして扱っています。そして、政党だけではなく政治団体が政治資金パーティーを開催することを認めるだけではなく、企業や労働組合がそのパーティー券を購入することも認めているのです。ですから、企業に大量

「収入」にとって重要となる政治団体の種類と企業・労働組合等の政治献金の可否

政治団体種類	要件	企業献金
政党	政治団体に所属する衆議院議員又は参議院議員を5人以上有するもの ②直近の衆参各選挙のいずれかで「政治団体の得票総数」が「有効投票の総数の100分の2以上であるもの」…政党交付金を受けるには議員1名以上も要件	○
政治資金団体	政党のために資金上の援助をする目的を有する団体（具体例「国民政治協会」）	○
資金管理団体	公職の候補者が、その代表者である政治団体のうち、その者のために政治資金の拠出を受けるべき政治団体と指定したもの	×
その他の政治団体	地域政党「大阪維新の会」、業界の政治団体、勝手連の議員・首長の後援会など	×

のパーティー券を購入してもらえれば、政治団体も事実上の企業献金を受け取れてしまうのです。

例えば、国会議員などの「公職の候補者」がその代表者である政治団体のうち、「その者のために政治資金の拠出を受けるべき政治団体」を一つ指定すると、その政治団体は「資金管理団体」と呼ばれますが、「資金管理団体」は、企業献金を受け取れませんが、企業から大量のパーティー券を購入してもらって事実上の企業献金を受け取れるのです。

◆寄付収入と政治資金パーティー収入の透明度の違い

寄付収入と政治資金パーティー収入とは、透明度が違います。

第一に、規正法は、寄付収入についてその年間総額のほか、「個人からの寄付」「法人等からの寄付」「政治団体からの寄付」について、それぞれ年間合計額を記載するよう義務づけています。一方、政治資金パー

政党を含む全政治団体の寄付と政治資金パーティーの各収入の全国集計額（2017年以降）

年	個人からの寄付	法人等からの寄付	政治団体からの寄付	政治資金パーティー収入
2017年	約299.2億円	約97.5億円	約241.5億円	約189.5億円
2018年	約252.9億円	約87.8億円	約230.4億円	約228.9億円
2019年	約322.6億円	約92.7億円	約275.7億円	約194.7億円
2020年	約242.4億円	約80.9億円	約258.8億円	約127.0億円
2021年	約292.3億円	約99.2億円	約251.4億円	約107.9億円

ティー収入についてはパーティーごとの金額を明記するよう義務付けていますが、個人、法人等、政治団体ごとの金額を明記するよう義務づけていないので、企業などが政治資金パーティー券を幾ら購入したのか不明なのです。

第二に、寄付収入の場合には、「同一の者からの寄付で、その**金額の合計額が年間5万円を超えるもの**」については、寄付者の**氏名、住所及び職業、当該寄付の金額及び年月日**という明細を政治資金収支報告書（以下「収支報告書」という）に記載しなければいけません。一方、政治資金パーティー収入については、年間ではなく「同一の政治資金パーティー」で、「同一の者からの政治資金パーティーの対価の支払で、その**金額の合計額が20万円を超えるもの**」について対価の支払をした者の**氏名、住所及び職業並びに当該対価の支払に係る収入の金額及び年月日**という明細を収支報告書に記載すればよいのです。

したがって、例えば、ある寄付者が政治団体に1回の寄付で5万円未満の寄付をし、その寄付を数回行い、その寄付の年間合計額が5万円超の6万円であれば、その政治団体は、その寄付者の氏名などの明細を収支報告書に記載されなければなりませんが、あるパーティー券

「収入」の明細記載基準の違い（政治資金「収入」における透明度の違い）

収入の種類	明細を記載する基準	政治資金収支報告書に記載する明細事項
寄付	同一の者からの寄付で、**その金額の合計額が年間5万円を超えるもの**	寄付者の**氏名**、**住所**及び**職業**、当該**寄付の金額**及び**年月日**
「同一の政治資金パーティー」の対価に係る収入	同一の者からの政治資金パーティーの対価の支払で、**その金額の合計額が20万円を超えるもの**	対価の支払をした者の氏名、住所及び職業並びに当該対価の支払に係る**収入の金額**及び年月日

「収入」の明細記載義務の有無に関する比較例

	「収入」の明細の記載義務あり	**「収入」の明細の記載義務なし**
寄付収入	・A氏が政治団体Xに2019年6月13日2万円寄付し、政治団体Xに7月14日4万円寄付（計6万円）。	・A氏が政治団体Xに2019年6月13日2万円寄付し、政治団体Xに7月14日3万円寄付（計5万円）。
政治資金パーティー収入	・A団体が2019年6月17日に政治団体Xのパーティー①のために25万円支払った。 ・B団体が2019年6月13日に政治団体Yのパーティー①のために15万円支払し、7月3日に政治団体Yのパーティー①のために15万円支払った（計30万円）。	・A団体が2019年6月17日に政治団体Xのパーティー①のために20万円支払った。 ・B団体が2019年6月13日に政治団体Zのパーティー①のために20万円支払い、7月3日に政治団体Zのパーティー②のために20万円支払い、10月3日に政治団体Zのパーティー③のために20万円支払、12月3日に政治団体Zのパーティー④のために20万円支払った（計80万円）。

購入者がある政治団体の4回の政治資金パーティー券を年間で合計20万円超の80万円購入していても、政治資金パーティーごとの購入額が20万円以内であれば、その政治団体は、その購入者の氏名などの明細を収支報告書に記載する必要はないのです。

以上のように政治資金パーティー

収入の透明度が低いこともあって数々の事件が起こっているのです。

◆2種類の事件

政治資金パーティーに関する事件としては、大きく2種類あります。

一つは、企業や業界政治団体が大量の政治資金パーティー券を買ってくれる（＝政治資金パーティーの会費を支払ってくれる）のでその高額な収入額を誤魔化して収支報告書に収入として一切記載しない、あるいは少なく記載して〝裏金〟〝闇金〟をつくる事件です。収支報告書に一切記載しないのも、一部しか記載しないのも、規正法（第25条第1項）違反です。

もう一つは、政治資金パーティーと表示する場合であれ表示しない場合であれ、少額の会費で、参加者にそれを上回る金額の飲食を提供して一種の供応接待をし、主催者が不足分（赤字）を補填する事件です。これは公職選挙法（以下「公選法」という）が禁止する寄付になりますが、それがバレないように収支報告書に一切記載しない、あるいは一部しか記載しないことが多く、規正法違反を犯していることが多い事件です。

第2節　安倍晋三後援会の「桜を見る会前夜祭」収支不記載事件

◆「『桜を見る会』を追及する法律家の会」の法律家が2018年分を刑事告発

最初にご紹介する刑事告発は、政治資金パーティーの収入と支出の両方を収支報告書に記載していなかった事件です。それは、「安倍晋三後援会」主催の「桜を見る会前夜祭」（以下「前夜祭」という）事件です。この事件では、「『桜を見る会』を追及する法律家の会」（「法律家の会」）が２０２０年に結成され、告発状のひな型を作成していただき、私を含む全国の大勢の弁護士・法律家がそれぞれ告発人になり、２０２０年５月に、２０１８年分の規正法違反の収支報告書不記載罪と公選法違反の寄附供与罪で東京地検に刑事告発しました。安倍衆議院議員(当時)は同年９月に総理を辞任しました。

メディアでは重要な事実が報じられました。たとえば読売新聞ＷＥＢは、「【独自】安倍前首相の秘書ら、東京地検が任意聴取…『桜を見る会』前夜祭の会費補塡巡り」と報じました（２００年11月23日）。「前夜祭」を巡り東京地検特捜部が安倍総理（当時）の公設第一秘書らから任意で事情聴取をし、会場のホテル側に支払われた総額が参加者からの会費徴収額を上回り、差額分は安倍総理側が補塡していた可能性があり、立件の可否を検討している、というものです。これまで安倍総理は、１人５０００円の会費はホテル側が設定したもので、安倍事務所職員が参加者から集めて全額をホテル側に渡したと説明し、「後援会としての収入、支出は一切なく、政治資金収支報告書への記載の必要はない」などと反論し、「事務所側が補塡したという事実も全くない」と弁明していたわけですから、その報道によれば、いずれも虚偽の説明だったことになります。

朝日新聞はさらに具体的に報じました。２０１５年～19年の各費用総額は約４０７万～約６３４万円、各年の参加者は４５０～７５０人規模、集まった会費の合計は約２２９万～約３８４万円、各年の不足分は約１４５万～約２５１万円、総額約９１６万円で、安倍総理側が負担していたことのほか、支払いを受けたホテル側が発行した領収書の宛名が資金管理団「晋和会」だったというのです（「安倍氏側、『桜を見る会』夕食会に五年で９１６万円負担」朝日新聞２０２０年11月5日）。

ＮＨＫによると、会場となった二つのホテルはいずれも懇親会の開催前に飲食代や会場代、音響費などの総額を記した見積書を安倍総理側にあらかじめ示し、そして参加者が支払った会費分を、懇親会の当日などに前払い金として受け取り、差額については安倍事務所宛てに請求し、その際に発行した明細書には、懇親会の費用の総額、会費分などの前払い金、差額分の請求額がそれぞれ記されていたと報じました（「『桜を見る会』懇親会 安倍前首相側 事前に費用一部負担認識か」ＮＨＫ２０２０年11月25日）。「後援会」はホテルには「前夜祭」開催当日等に会費収入だけを前払いし、経費の不足分は資金管理団体「晋和会」が後日支払って補填したというのです。

◆２０１５年分～19年分の刑事告発と代表者の略式起訴

「後援会」の２０１９年分収支報告書が２０２０年11月下旬に公表されましたので、確認したところ、「前夜祭」の会費収入についての記載はその支出（ホテルへの支払い）を含め、一切ありませんでした。

「前夜祭」は「後援会」主催なのに、前述の報道の通り、ホテルへの支払いの不足分を「晋和会」に補填してもらったとしたら、その分は「晋和会」から寄付を受けたことになりますが、「後援会」の2013年～2019年の各収支報告書にはその記載もありません。この点も規正法違反の不記載罪になります。「晋和会」の2014年分～2019年分収支報告書を確認しても、ホテルへの支払いの記載はありませんし、補填分の「後援会」への寄付供与の記載もありませんでした。この点で規正法違反の不記載罪も明らかです。

また、そもそも「前夜祭」の経費は会費5000円では不足し、不足分を安倍事務所側が支払ったのは、選挙区内の者への寄付の供与になります。2013年～2019年は、公選法違反の寄付供与罪になります。

そこで私や弁護士ら数名は、2020年12月に、「安倍晋三後援会」と「晋和会」の各規正法違反の不記載罪容疑については2015年分～2019年分（2013年分と2014年分は公訴時効）を、公選法違反の寄附供与罪容疑については2018年分と2019年分（2017年分以前は公訴時効）を、それぞれ刑事告発しました。

その直後の12月24日に東京地検特捜部は、安倍前総理の公設第一秘書だった配川博之「後援会」代表を、2016年～2019年分につき規正法違反の不記載罪容疑で東京簡易裁判所に略式命令を請求し（略式起訴）、配川秘書は100万円の罰金を支払い、有罪が確定しました。しかし、公選法違反容疑については、「嫌疑不十分」で不起訴にし、また安倍前総理らについては両容疑とも「嫌疑

「安倍晋三後援会」の「桜を見る会前夜祭」の支出額等

「前夜祭」開催日	支出その1（支出日）	支出その2（支出日）	支払先
2016年4月8日	229万3000円	125万8100円（6月17日頃まで）	ANAインターコンチネンタルホテル東京
	229万円(4月8日)	177万円	
2017年4月14日	241万円（4月14日）	186万0860円	（株）ニュー・オータニ
		190万1056円（4月17日）	
2018年4月20日	303万5000円（4月20日）	144万9700円	（株）ニュー・オータニ
		150万6365円（4月26日）	
2019年4月12日	383万5000円（4月12日）	250万7732円	（株）ニュー・オータニ
		260万4908円（4月19日）	

2016年〜2019年分は確定判決のある配川「起訴状」に記載されている支出合計金額から算定した金額。2017年分から2019年分までの補填分支出の下段の金額は「安倍晋三後援会」の訂正された政治資金収支報告書による。

「安倍晋三後援会」の収支報告書に書き加えられた「収入」

書き加えられた収入	2017年	2018年	2019年
前夜祭収入額	241万0000円	303万5000円	383万5000円

不十分」で不起訴にしました。

◆検察審査会への審査申立て

私たちは、それぞれ、２０２１年１月に東京検察審査会に安倍前総理らの「起訴相当」議決を求めて審査申立てしたのです。これに対し、東京第一検察審査会は、同年7月15日に、「不起訴不当」などの議決をしました。

具体的に紹介すると、①「後援会」の公選法違反の容疑につき安倍晋三及び代表者は不起訴不当、②「晋和会」の規正法違反（ホテルへの補填分の支払いの不記載罪）容疑につき「晋和会」の会計責任者・西山猛は不起訴

東京第一検察審査会、2021年7月15日議決、同月28日議決書作成

政治団体名	嫌疑	安倍晋三「晋和会」代表	「後援会」代表	「後援会」会計責任者	「晋和会」会計責任者
安倍晋三後援会	公選法違反違法・寄付	不起訴不当	不起訴不当	—	—
安倍晋三後援会	政治資金規正法違反 政治資金収支報告書不記載罪	不起訴相当	（既に有罪確定）	不起訴相当	—
晋和会	政治資金規正法違反 政治資金収支報告書不記載罪	不起訴相当	—	—	不起訴不当
晋和会	政治資金規正法違反 会計責任者選任監督責任	不起訴不当	—	—	—
晋和会	政治資金規正法違反 政治資金収支報告書不記載重過失責任	不起訴相当	—	—	— （事実上不起訴不当）

不当、③規正法違反（「晋和会」会計責任者選任・監督責任）につき「晋和会」代表の安倍晋三は不起訴不当でした。

議決書の要旨の最後に「総理大臣であった者が、秘書がやったことだと言って関知しないという姿勢は国民感情として納得できない」と強調しています。国民の代表者としての自覚を持ち、「疑義が生じた際には、きちんと説明責任を果たすべきである」と求めたのです。「不起訴不当」議決の結果、安倍前総理らは再び被疑者となり、特捜部の捜査を受けることになりました。

河井克行・案里議員夫妻の買収事件では、家宅捜索などの強制捜査が行われ、元秘書2名だけではなく河井議員夫妻も立件されて起訴されました。しかし、「前夜祭」事件では、任意の取り調べだけにとどまり、強制捜査が行われていませんので、特捜部は有罪にする証拠を十分収集してい

なかったのでしょう。それゆえ、検察審査会の議決には、審査会の委員11名中8名以上が賛成した「起訴相当」が一つもなく、委員の過半数（6名又は7名）が賛成した「不起訴不当」どまりでしたし、不起訴もやむを得ないとして「不起訴相当」もありました。特捜部は、この度の「不起訴不当」議決を踏まえ、議決書の要旨が指摘したように「メール等の客観的資料を入手した上で、被疑者安倍の犯意の有無を認定すべき」でした。

そもそも「前夜祭」の日程は「桜を見る会」の日程が決まらなければ決められない関係にありましたから、「桜を見る会」と「前夜祭」は安倍事務所にとってはワンセットでした。「桜を見る会」は安倍総理主催であり、「前夜祭」には安倍総理夫妻も出席しています。したがって、普通に考えれば、「前夜祭」は安倍総理主導で企画されたものだと言えます。高級ホテルで大規模な宴会を開催すれば参会者1人5000円では不可能なことは、常識のない安倍総理でも、わかっていたことです。山口県下関の地元の後援会員は「桜を見る会」に参加するために飛行機代と宿泊代を自腹で支出しているので「前夜祭」の参加費を抑える必要があると判断したのでしょう。その判断も安倍総理でしょう。となると、不足分を補填すると決めたのは、安倍総理だったのではないでしょうか。ですから、特捜部は安倍総理が主犯だった可能性が高いとみて強制捜査し刑事事件として立件を目指すべきだったのです。

しかし、東京地検特捜部は２０２１年12月28日に再び安倍元総理らを不起訴にしました。

東京第五検察審査会2021年9月15日議決

被疑事実	安倍晋三 「晋和会」 代表	「後援会」 代表	「後援会」 会計 責任者	「晋和会」 会計 責任者
2016年～19年 領収書の写し未提出	不起訴相当	確定判決あり	不起訴 相当	―
領収書を保存せず	不起訴相当	不起訴不当	不起訴 相当	―
領収書を送付せず	不起訴相当	―	―	不起訴 不当

◆領収書保存義務違反・不送付罪

私は２０２１年１月、ホテルの発行した領収書に関する規正法違反やホテルの大幅な値引きに関する同法違反を刑事告発しました。強制捜査をせず任意の取り調べしかしていない特捜部は、両告発についても、同年３月末、不起訴処分にしましたが、資金管理団体「晋和会」（代表・安倍晋三）の会計責任者がホテルの発行した領収書を「後援会」側に送付していなかった規正法違反につき不起訴にした理由は、「起訴猶予」でした。「起訴猶予」とは起訴できる証拠があるのに、検察が「犯人の性格、年齢及び境遇、犯罪の軽重及び情状並びに犯罪後の情況により訴追を必要としないとき」に「公訴を提起しない」ことを指しています（刑事訴訟法第２４８条）。

私は翌４月東京検察審査会に審査を申立てしたところ、東京第五検察審査会は同年９月この容疑のほか、「後援会」代表の領収書保存義務違反（規正法違反）容疑についても「不起訴不当」の議決をしました（２０２１年９月15日議決）。東京地検特捜部は同年11月18日に再び不起訴たのです。

また、２０２０年12月下旬に略式起訴された「後援会」代表者の起

「安倍晋三後援会」の「前年からの繰越額」の訂正前と訂正後

	2017年分「前年からの繰越額」	2018年分「前年からの繰越額」	2019年分「前年からの繰越額」	2020年分「前年からの繰越額」
訂正前	724万705円	777万3,479円	1,002万9,276円	466万2,429円
訂正後	1,325万3,034円	1,188万4,752円	1,263万4,184円	466万2,429円
増額	601万2,329円	411万1,273円	260万4,908円	0円

訴状には「会計責任者の職務を補佐していた者」が共謀していたと明記されていたことを知り、翌2021年8月2日付で、その共謀者（氏名不詳）を東京地検特捜部に刑事告発しました。特捜部は同年12月28日に不起訴にしましたが、その理由は「起訴猶予」でした。

◆「繰越額」訂正は虚偽記入

安倍事務所は2020年末に「後援会」の2017年分～2019年分の各収支報告書を訂正しましたが、その各訂正内容は、「前夜祭」の収支を書き加えただけではなく、2016年から2017年への繰越額を601万円余り増額し、これで2017年分から2019年分の各不足額を1円も違わず全額負担している計算になっていました。「後援会」の2019年から翌2020年への繰越額は466万円余りしかなく、3年分の不足合計額601万円余りを「後援会」が全額支払うと赤字になってしまうので、赤字にならないように収入を増やす必要があったので、2016年から2017年への繰越額を601万円余り増額したのでしょう。

しかし、2016年末の時点で、2020年の「前夜祭」が開催できなくなるのを予想していたはずはありませんし、2017年以降の「前夜祭」の各不足額を予想できたはずはありません。したがって「後援会」の訂正は、真実の訂正ではなく、虚偽だったのではないでしょうか。そうなると、規正法違反の虚偽記入罪の疑いが生じます。そのうえ、安倍前総理の「預金」の原資も、安倍総理の当時の裏金、それも公金（内閣官房機密費または文書通信交通滞在費）だった可能性も出てきます。

この収支報告書における「繰越額」訂正の虚偽記入罪については、再び「法律家の会」弁護士さんのご尽力により私も２０２１年８月東京地検特捜部に刑事告発しました。

しかし、特捜部が同年12月28日に嫌疑不十分で不起訴にしたので、翌２０２２年４月に東京検察審査会に審査申立てしました。東京第五検察審査会は、同年９月27日に「晋和会」の会計責任者と「後援会」の代表につき「不起訴不当」の議決をしました。しかし、特捜部は、同年12月16日に再び不起訴にしたのです。

第3節　自民党議員と公明党議員の闇政治資金パーティー事件

◆自民党の薗浦健太郎衆院議員の闇政治資金パーティー事件

次に紹介する刑事告発は、元安倍総理秘書官の薗浦健太郎衆議院議員（当時）の資金管理団体による闇政治資金パーティー事件です。薗浦議員の資金管理団体「新時代政経研究会」は２０１９年に、同年分収支報告書に記載していたオモテの政治資金パーティー「薗浦健太郎君を励ます会」とは別に、収支報告書に記載しなかったウラ（闇）の政治資金パーティー「そのうら健太郎と未来を語る会」を開催していたのです。後者の不記載は規正法違反です。

この事件について「しんぶん赤旗日曜版」編集部は２０２１年3月15日付で薗浦事務所に質問文を送ったところ事務所は回答しないいまま、その２日後の同月17日付で「新時代政経研究会」の２０１９年分収支報告書の収入欄に、「そのうら健太郎と未来を語る会」（同年4月３日開催）の収入は１６２万円で、支出欄に「会場使用料」として約46・３万円をホテル側に支払ったと書き加える訂正がなされました（「しんぶん赤旗日曜版」２０２１年3月21日号、5月30日号で報道）。

経費を差し引いた収益は約１１５・７万円でしたから、それが裏金になっていたわけです。しかし、薗浦事務所は裏金がなかったかのように「翌年への繰越額」をその分増額させて訂正。「安倍晋三後援会」の代表（安倍晋三公設秘書）が２０２０年末に「桜を見る会前夜祭」の収支の不記載罪で略式起訴されたので、慌てて訂正したわけです。

私は、薗浦議員と会計責任者（公設第一秘書）を規正法違反で告発するために、同年9月末に東京地検特捜部に告発状を送付しました。収入の不記載額は合計208・3万円程度でしたが、これは後に〝氷山の一角〟だったことが判明します。

2022年12月22日、東京地検特捜部から告発人の私に電話があり、前日に議員辞職し自民党を離党した薗浦氏らを「起訴し略式請求した」旨の説明を受け、その通知は後日届きました。報道によると、略式起訴されたのは、薗浦氏と元公設第一秘書のほか元政策秘書の3人。過少記載があったのは「新時代政経研究会」だけではなく「自民党千葉県第5選挙区支部」の二つ。刑事事件として立件された虚偽記載・不記載額は計約4900万円にのぼり、その内訳は、「新時代政経研究会」では2018年〜2020年に開いた6回のパーティー収入と支出を合わせて計約4100万円、「自民党千葉県第5選挙区支部」では2018年〜2020年に会食費などの支出の計約800万円でした（「過少記載の総額は4900万円　薗浦前議員を略式起訴、秘書ら2人も」朝日新聞デジタル2022年12月22日14時45分）。

つまり、収支報告書に記載していたオモテの政治資金パーティーでも収支の過少記載（虚偽記入）があったのです。

起訴直前に辞職したとはいえ、国会議員が起訴されたことは重大です。薗浦氏は報道機関の取材に、当時の秘書からの事前報告や過少記載の認識を否定し、逃げ切ろうとしていましたが、秘書は、パーティーの度に実際の収入と除外額をまとめたメモに基づくなどして薗浦氏に過少記載を事前報告したと特捜部に供述し、報告を裏づけるメモ、メール、録音なども残されていたので、薗浦氏は、特捜部の聴取に「自分が承諾を与えなければ不記載はなかったはずだ」と供述し、事前報告を受けて不記載を把握していたことを一転して認めたのです。関係者の証言によると、除外した収入は別の団体に移し、一部は薗浦氏の飲食代や交際費に充てられたと報じられました（前掲朝日新聞デジタル記事）。

告発時に判明していた不記載額は208・3万円程度だったのに、特捜部が捜査すると約4900万円にも膨れ上がったわけです。もっとも、同じような闇パーティーを開催している自民党の国会議員の政治団体は他にもありそうなのです。というのは、薗浦議員の闇パーティーの開催にはライズ・ジャパン社が積極的に関与しており、同社は闇パーティーの案内メールを、秘密の勉強会の運営を行なってきた「志友会」会員企業に送信しており、自民党の新たな〝タニマチ〟と永田町でささやかれ、同社の仲井力社長は、「菅義偉政権を支える男」と噂されている人物だったので、同社は薗浦議員以外の国会議員の政治資金パーティーの開催にも関与していた可能性が高いからです。つまり、捜査で明らかになった薗浦事件そのものが、〝氷山の一角〟の可能性があったのです。しかし、特捜部が刑事事件として立件したのは、現時点では、私が告発した薗浦元議員だけです。

ついでに紹介しておきますと、ライズ・ジャパン社の社長も、規正法の「寄付の総額の制限」違反事件で刑事告発していました。規正法は、「会社のする寄付」につき「会社の資本金の額又は出資の金額の区分に応じ」寄付の総額を定め、より具体的には「会社の資本金の額又は出資の金額」が「10億円未満」なら1年間の寄付の総額は「750万円」と制限しており、資本金1000万円の「(株) ライズ・ジャパン」が1年間に寄付できる総額は「750万円」であり、その金額を超えて1

年間に寄付することが禁止されていたのです。「(株)ライズ・ジャパン」は、2018年の1年間に、少なくとも、「自由民主党千葉県第五選挙区支部」(代表・薗浦健太郎・衆議院議員)に対する計125万円の寄付を含め総額825万円の寄付しており、規正法(第21条の3第1項、第26条第1号)に違反していたのです(前掲「しんぶん赤旗日曜版」)。

そこで、薗浦議員の前掲闇政治資金パーティー事件と共に東京地検に刑事告発しました。しかし、告発した2021年9月28日の1カ月後の10月27日付で東京地検は不起訴処分にしましたので、私は刑事訴訟法に基づき不起訴理由の開示を請求したところ、「嫌疑不十分」ではなく「起訴猶予」でした。「起訴猶予」ということは、起訴できる証拠はあるが、検察の判断であえて起訴しなかったことを意味しています。

通常、このような場合には、検察審査会に、本事件を起訴すべきという「起訴相当」議決を求めて審査申立てをするのですが、規正法の「寄付の総額の制限」違反の公訴時効は3年だったので、審査申立てを断念しました。

◆公明党の岡本三成衆院議員の闇政治資金パーティー事件

第2次岸田内閣において財務副大臣に任命された公明党の岡本三成衆院議員についても闇政治資金パーティー事件がありました。

岡本三成議員が代表である資金管理団体「三成会」の主たる事務所の所在地は、従来、埼玉県所沢市内にあったのですが、２０１９年に東京都北区内に移転しました。その理由は、衆議院小選挙区選挙（東京都第12区）選出の太田昭宏衆議院議員（公明党全国議員団会議議長）が体力的にも厳しいので交代を申し出ていたため、衆議院比例代表選挙（北関東ブロック）選出の岡本三成議員が次期衆議院総選挙で小選挙区選挙（東京都第12区）から立候補することが同年5月23日に公明党中央幹事会で決定したからでした。

「三成会」が初めて政治資金パーティーを２０１８年に開催したのは、遅くともその時点で太田昭宏衆議院議員の交代申し出があったので、小選挙区選挙（東京都第12区）から立候補するための準備の一環だったのでしょう。

「三成会」は、２０１８年6月11日に六本木ヒルズクラブ（東京都港区六本木）において初めの政治資金パーティー「岡本三成君を励ます会」を開催したようで、「ビジョン21」（代表・太田昭宏）は、同日にその会費として3万円を、「河野太郎事務所」（代表・河野太郎）は同日にその会費として2万円を、それぞれ支出したと各２０１８年分収支報告書に記載されていました。

しかし、「三成会」の２０１８年分収支報告書には、上記「ビジョン21」「河野太郎事務所」からの各収入を含め「岡本三成君を励ます会」の収入及びそれに要した経費支出をいずれも一切記載していなかったのです。

また、「三成会」は、２０１９年11月15日にホテルオータニ（東京都千代田区）の「鳳凰の間」において2回目の政治資金パーティー「岡本三成君を励ます会」を開催したようで、「ビジョン21」（代表・太田昭宏）は同日にその会費として3万円を、「河野太郎事務所」（代表・河野太郎）は同日にその会費として2万円を、「志徹会」（代表・太田昌孝）は同日にその会費として2万円を、「昌政会」（代表・柴山昌彦）は同日にその会費として2万円を、それぞれ支出したと各２０１９年分収支報告書に記載されていました。

しかし、「三成会」の２０１９年分収支報告書には、上記「ビジョン21」「河野太郎事務所」「志徹会」「昌政会」からの各収入を含め「岡本三成君を励ます会」の収入及びそれに要した経費の支出をいずれも一切記載していませんでした。

そこで、私は、２０２２年12月27日に「三成会」の代表である岡本議員と会計責任者を規正法違反で東京地検に刑事告発したのです。

第４節　自民党５派閥のパーティー20万円超購入者明細不記載事件

◆スクープ報道

実は、闇パーティーとは別の政治資金パーティーに関しても複数の告発をしてきました。規正法は20万円を超える政治資金パーティー券を購入してもらった場合、その購入者の氏名・金額・購入日などの明細を収支報告書の収入欄に記載することを義務づけていますが、自民党の主要な五つの派閥の政治団体がその明細を記載していませんでした。そのことをスクープ報道したのは、これまた「しんぶん赤旗日曜版」でした（２０２２年11月６日号、同月13日号）。私は、その報道で指摘されたもの以外の不記載も発見し、不記載の合計額は２０１８年から２０２０年の３年間で合計３４９２万円。２０２２年11月から今年の初めの間に５派閥の会長や会計責任者らを東京地検特捜部に規正法違反でそれぞれ告発しました。

３年間の不記載額の一番多かったのは、最大派閥の細田派（その後、安倍派）の政治団体「清和政策研究会」の計１９４６万円でした。そのほか、竹下派（現在の茂木派）の「平成研究会」は計５２６万円、二階派の「志帥会」は計４６８万円、麻生派の「志公会」は計３４０万円、岸田派の「宏池政策研究会」は計２１２万円。主要な５派閥の不記載ですから自民党全体の不記載と言っても過言ではないでしょう。

自民党派閥の政治資金パーティー20万円超収入明細不記載罪での東京地検への刑事告発

告発日	派閥の 政治団体名	不記載額	被告発人
2022年 11月9日	清和政策研究会 （細田派）	1374万円	細田博之会長（衆議院議員） 代表者兼会計責任者、 事務担当者
2022年 11月16日	清和政策研究会 （細田派）	572万円	同上
2022年 11月24日	平成研究会 （竹下派）	526万円	茂木敏充会長代理（衆議院議員） 会計責任者、事務担当者
2023年 1月1日	志帥会（二階派）	468万円	二階俊博会長（衆議院議員） 代表者兼会計責任者、 事務担当者
2023年 1月6日	志公会（麻生派）	340万円	麻生太郎会長（衆議院議員） 会計責任者、事務担当者
2023年 1月9日	宏池政策研究会 （岸田派）	212万円	岸田文雄会長（総理） 代表者兼会計責任者 事務担当者
	総　計	3,492万円	

◆氷山の一角

以上の不記載は、複数の政治団体が派閥の政治資金パーティー会費を支払っていると収支報告書に記載していたので発見できましたが、企業などはその会費を支払っていても公表していませんから、国民はそれを確認できませんし、収支報告制度のある政治団体よりも企業の方が派閥との関係を隠したいでしょうから、不記載は〝氷山の一角〟である可能性が高いでしょう。

また、５派閥の計３４９２万円の不記載額が薗浦議員の場合のように政治資金パーティー収入合計額に含まれず除外されていると、それが裏金になっている可能性もあります。そうであるならば、その裏金も〝氷山の一角〟であることになります。

第5節　高市早苗大臣の政党支部のパーティー20万円超購入者不記載事件と異常な対処

◆2019年分パーティー20万円超購入者不記載事件

政治資金パーティーに関する告発は他にもあります。その一つは、高市早苗大臣が支部長（代表）の政党支部「自由民主党奈良県第2選挙区支部」の場合であり、2019年と2021年に、いずれも20万円を超えるパーティー券購入者の明細を収支報告書の収入欄に記載していませんでした。記載していなかったのは、「自由民主党山添村支部」（以下「山添村支部」）からの支払い収入であり、いずれも22万円。金額は少ないのですが、この事件は予想を超える驚愕の展開をしています。その展開を紹介しましょう。

高市大臣の政党支部は、2019年3月17日に「シェラトン都ホテル大阪」（大阪市）で政治資金パーティー「Fight On!! Sanae 2019　高市早苗支部長の出版をみんなで祝う会」を開催。「山添村支部」の2019年分収支報告書の支出欄には、その2日前の同月15日に「チケット代」目的の支出として22万円を支出したと記載。しかし、高市大臣の政党支部の収支報告書の収入欄にはその明細が記載されていませんでしたので、私は、2022年11月2日に、高市大臣と会計責任者を不記載罪で奈良地検に告発したのです。

通常、この種の告発をすると、〝収支報告書に記載しなかった側〟が「単純なミスだった」と言い訳して収支報告書を訂正するのですが、この事件では、なんと〝収支報告書に記載していた側〟が訂正したのです。同月22日に、「山添村支部」の収支報告書の支出欄に記載されていた「チケット代」目的の22万円の支出額を20万円であったと「修正」し、10万円と記載していた「個人からの寄付」収入を８万円だったと収支を調整する「修正」をしたのです。パーティー券の購入額が20万円以下だと収支報告書に明細を記載する義務がないので、この「修正」は高市大臣側が不記載の罪を逃れるためのものでしたから、明らかな虚偽の訂正でした。

実は、高市側の不記載については「しんぶん赤旗日曜版」編集部も気づき取材をしていました（２０２３年１月15日号、２月５日号）。「しんぶん赤旗日曜版」は、統一協会関連団体から２０１９年に計４万円分のパーティー券を購入してもらっていたと２０２２年９月にスクープ報道し、その時、高市大臣側はそれを否定したのです（２０２２年９月25日号）。それなのに私の告発を受けて高市側が収支報告書を訂正してしまうと、統一協会関連団体からパーティー券を購入してもらっていたのも真実だったのではないかと大騒ぎになるから、弱い立場の「山添村支部」に虚偽の訂正をさせたのでしょう。姑息で悪質ですから、私は、その「修正」を虚偽記入罪で「山添村支部」側だけではなく高市大臣と会計責任者も共犯として２０２３年２月６日に追加告発したのです。

◆２０２１年分パーティー20万円超購入者不記載事件

同じ暴挙は、２０２１年の政治資金パーティーに関する不記載でも起きました。高市大臣の政党支部は同年７月24日に「ホテル日航奈良」（奈良市）で政治資金パーティー「Fight On!! Sanae 2021アフタヌーン・セミナー」を開催しており、「山添村支部」は、同月16日に「パーティーチケット購入」目的として22万円を支出したと収支報告書に記載。しかし、高市大臣の政党支部はその明細を収支報告書に記載していなかったので、私は、昨年12月５日に高市大臣と会計責任者を不記載罪で奈良地検に告発しました。

すると、同月19日に、「山添村支部」はその収支報告書に記載していた22万円の支出額を12万円であったと「修正」し、残りの10万円は「その他の支出」だったと「修正」したのです。これについても、「しんぶん赤旗日曜版」（２０２３年１月15日号）が取材して報道したので、私は、今年１月16日に、この「修正」も虚偽記入罪で「山添村支部」側だけではなく高市大臣と会計責任者も共犯として奈良地検に追加告発したのです。

◆有印私文書変造罪・同行使罪

すると、またまた「修正」が行われました。同月19日に、その１カ月前の昨年12月19日に10万円の支出だったと訂正された個所を削除して０円に「修正」し、「支出総計」等もそれぞれ10万円減額し、「翌年への繰越額」を10万円増額する「修正」を行なったのです。

この２回の「修正」についても「しんぶん赤旗日曜版」が大スクープ報道。なんと２０２１年分の２回の「訂正願」の文字、収支報告書の訂正文字、高市大臣の政党支部の２０１３年分収支報告

高市早苗大臣の政党支部の政治資金パーティー不記載事件の奈良地検への告発

告発年月日	対象	備考	罪名
2022年11月2日	「Fight On!! Sanae 2019 高市早苗支部長の出版をみんなで祝う会」	「自由民主党山添村支部」からの22万円収入不記載	政治資金収支報告書不記載罪
2022年12月5日	「Fight On!! Sanae 2021 アフタヌーン・セミナー」	「自由民主党山添村支部」からの22万円収入不記載	政治資金収支報告書不記載罪
2023年1月16日	自民党川添村支部 2021年分訂正	支払額22万円を12万円へ、10万円は「その他の支出」へ	政治資金収支報告書虚偽記入罪
2023年2月6日	自民党川添村支部 2019年分訂正	支払額22万円を20万円へ、10万円の寄付収入を8万円へ	政治資金収支報告書虚偽記入罪
2023年3月6日	自民党川添村支部 2021年分2回の訂正	支払額22万円を12万円へ、10万円は「その他の支出」へ（第1回目修正）。上記10万円を削除し「支出総額」等を10万円減額へ（第2回目修正）	2回の訂正＝有印私文書偽造罪・同行使罪、2回目の訂正＝虚偽記入罪

書の訂正文字について「筆跡はいずれも同一人物のものである」という筆跡鑑定人の鑑定結果を報道（2023年2月12日号、3月5日号）。つまり、「山添村支部」の収支報告書の2回の「修正」を行なったのは、高市大臣の政党支部の会計責任者だったのです。この会計責任者には「山添村支部」の収支報告書を作成・修正する権限はありません。にもかかわらず、勝手に虚偽の「修正」したのです。

そこで私は3月6日に、1回目と2回目の各「修正」を有印私文書変造罪・同行使罪（刑法第159条第2項・第161条第1項）で、さらに2回目の「修正」を収支報告書虚偽記入罪で、高市大臣と会計責任者を奈良地検に告発したのです。

第6節　平井元大臣と大阪維新の会の政治資金パーティー事件

◆平井元大臣の政治資金パーティーにおける事実上の寄付の強制

以上とは別に、購入金額は20万円だったのに告発できた事件があります。なぜ告発できたのかといえば、20万円が事実上の寄付になっていたことが発覚したからです。

元デジタル大臣の平井卓也衆議院議員が支部長の政党支部「自由民主党香川県第1選挙区支部」は、当初２０２０年３月９日に「高松国際ホテル」（高松市）で政治資金パーティー「平井卓也を励ます会」を開催する予定であり、その旨の案内を広く文書でも行なっていたのですが、新型コロナの感染が拡大したために開催日程を二度延期し、実際に開催したのは同年11月14日でした。

同年1月に某会社（以下、会社「X」）にも、その政治資金パーティー開催の案内状が送付され、そこには会費2万円と明記されていました。また、依頼状「チケットご購入依頼の件」には、なんと、2万円のパーティー券を10枚購入して振込先「衆議院議員平井卓也を励ます会実行委員会代表平井卓也」に計20万円を支払うよう記されていたのです。購入金額を指定した事実上のパーティー券購入の強制でした。その上、そのパーティーには3名だけ参加させる旨明記され、参加者の氏名を連絡するよう求めていたのです。地元でこれを拒否できる会社はないでしょうから、事実上不参加7名分は寄付の強制でした。会社「X」は素直に10名分20万円を支払ったそうですが、パーティーの二度の延期の案内はなく、会社「X」からは1人も参加できなかったというのです。このことを昨年11月に毎日

平井元大臣パーティ券購入依頼の文書

2020年1月吉日

[redacted] 御中

チケットご購入依頼の件

○依頼枚数　　10枚 × 20,000円 ＝ 200,000円

○お手元所有参加券番号　No.[redacted] ～ No.[redacted]
(ご出席依頼人数3名分)

○振込用紙記載整理番号　No.[redacted] ～ No.[redacted]
(20万円分)

[redacted]

円）いただき、振込をお願いいたします。
その際、振込依頼人の頭部に、整理No.「[redacted]～[redacted]」をご記入くださいますようお願いいたします。
同封の「FAX返信用紙」(「[redacted]～[redacted]」)で出席者（3名分）を実行委員会にご連絡いただけますようお願いいたします（私製用紙でまとめて連絡していただいても可）。

[redacted]

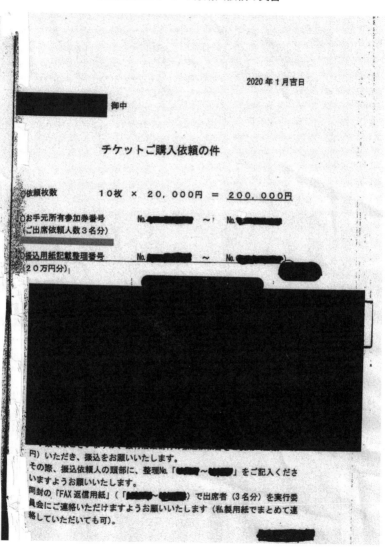

新聞がスクープ報道しました（「国会議員パーティー『代金10人分、出席は3人』？不可解な依頼の闇」毎日新聞２０２２年11月12日7時）。

案内状にも依頼状にも番号が明記されていましたので、平井元大臣の政党支部はどの会社が幾ら支払ったのか、把握していたはずです。開催延期の連絡をしていませんので、会社「X」の支払った20万円は全額寄付収入になったと認識していたことになります。しかし、規正法によると、寄付金収入の場合には、年間5万円を超えるものはその寄付者の氏名などの明細を記載しなければならないのですが、政党支部の収支報告書の収入欄には、その明細が記載されていなかったので、私は昨年11月14日に平井元大臣らを規正法違反で高松地検に告発したのです。

なお私は、ある人物を介して情報提供者から一切マスキングされていない案内状・依頼状を受け取りましたが、情報提供者を守るためここでは会社名をXとし番号などはマスキングしています（前頁）。

◆「大阪維新の会」の政治資金パーティーの裏金づくり疑惑

前述したように、規正法上、政党は企業から政治活動に関する寄付（企業献金）を受け取れますが、政党以外の政治団体は企業献金を受け取れません。しかし、規正法は、政党だけではなく政治団体が政治資金パーティーを開催することを認めるだけではなく、企業がそのパーティー券を購入することも認めているのです。企業に大量のパーティー券を購入してもらえれば、政治団体も事実上の政治献金を受け取れてしまうわけです。

「日本維新の会」は国政政党ですが、「大阪維新の会」は地方政党と呼ばれます。規正法上で言えば、「日本維新の会」は政党ですが、「大阪維新の会」は政党ではなく政治団体なので、企業献金を受け取れません。そこで「大阪維新の会」は、政治資金パーティーを開催し、企業にパーティー券を購入してもらい、事実上の政治献金を受け取っているのです。「日本維新の会」は政党ですが、「しがらみのない政治」を行なうとして企業献金を受け取れないと公言しながら、「大阪維新の会」による事実上の企業献金を受け取る方針を採用し、実際には「しがらみ政治」を行なっているのです（上脇『日本維新の会の「政治とカネ」「身を切る改革」の正体を暴く』日本機関紙出版センター・２０２２年）。

「大阪維新の会」の２０１９年分収支報告書には、「大阪維新の会」が２０１９年９月12日に政治資金パーティー「大阪維新の会懇親会」をリーガロイヤルホテル「ロイヤルホール・光琳の間」において開催し、参加費支払者は５８６２人で収入は１億１７２４万円だったと記載されていました。１人２万円の参加費だったようです。

ところが、２０１９年７月執行の参議院議員通常選挙の東京都選挙区に日本維新の会公認で立候補し初当選した音喜多駿参議院議員のブログ記事（「参加者約４０００名！『普通の人』が多数参加している、大阪維新パーティーの凄さ」２０１９年９月13日23時55分）によると、確かに政治資金パーティー「大阪維新の会懇親会」の参加費は2万円であると説明されているのですが、しかし、次のように、その来場者は４０００人で、チケット購入者（＝参加費支払者）は来場者の3倍以上だったと説明されていたのです。

「大阪維新の会懇親会」の収支報告書記載と音喜多駿議員のブログ記載との比較

収支報告書の記載		音喜多駿議員のブログの記載		両者の差	
支払者数	収入額	払者数	収入額	不記載の払者数	不記載の収入額＝裏金
5,862人	117,240,000円	12,000人	240,000,000円	6,138人	122,760,000円
		10,000人	200,000,000円	4,138人	82,760,000円

「今年の来場者は３０００名を超えて約４０００名いたそうな…。チケットの番号は１００００までありましたから、来場者数の３倍以上チケット購入者がいそうですね」

音喜多駿参議院議員がブログで嘘を書くとは思えません。ですから、ブログの記載に不正確さがあるとしても、そこで明記されている数字が真実に近い数字であれば、チケット購入者（対価の支払いをした者の数）は最大約１万２０００人で収入額は約２億４０００万円になりますから、約１億２２７６万円が収支報告書に記載されなかった裏金収入になっているという計算になります。もっとも、「チケットの番号は１００００」まであったという記述に注目すると、チケット購入者は約１万人で収入額は２億円になり、約８２７６万円が収支報告書に記載されなった裏金収入になっているという計算になります。

いずれにせよ、「大阪維新の会」の２０１９年分収支報告書の記載は虚偽だったことになり、１億円前後の裏金が作られていたことになります。

そこで、私は、２０２２年９月28日に、規正法（第25条第１項第３号）違反で松井一郎「大阪維新の会」代表（当時大阪市長）と「大阪維新の会」会計責任者の岩木均大阪府議会議員を大阪地検に刑事告発したのです。

しかし、大阪地検（特捜部）は今年6月30日に「嫌疑不十分」で不起訴にしてしまいました。もし音喜多議員の前記ブログ記事に明記された数字が虚偽であれば不起訴理由は「嫌疑なし」だったでしょう。「嫌疑不十分」だったということは、特捜部も大阪維新の会の収支報告書に記載された数字の方が虚偽だったと疑っているからにほかなりません。音喜多議員の記事はいまだに削除されていません。それでも不起訴にしたのは、特捜部が捜査を尽くさなかったからです。失望しました！

第2章　政治資金の〝支出〟の問題の告発

第1節　山際大志郎元大臣の2つの事件

◆着席方式パーティー不参加分＝寄付不記載事件

政治資金パーティーは通常立食形式で開催されますが、着席方式で開催されたので刑事告発できた事件があります。統一協会の支援を受けていたと報じられた元大臣の山際大志郎衆議院議員の資金管理団体「21世紀の政治経済を考える会」は２０２０年12月23日に「憲政記念館」（東京都千代田区）で政治資金パーティー「衆議院　議員山際大志郎政経セミナー」を開催。参加券は１人あたり２万円で合計８７０枚を売り上げていたのですが、新型コロナの感染防止のため立食パーティーではなく参加者は座席に着席する方式で開催されました。用意された座席数は４９６人分。座席を用意するためには事前に参加人数を把握しなければならないはずです。したがって、残りの３７４人は政治資金パーティーに参加していません。主催者はこの不参加者の購入分の７４８万円が寄付金だったと認識していたはずです。しかし、同年分収支報告書の寄付収入欄にはそのような記載はされていませんでした。これも「しんぶん赤旗日曜版」が昨年2月にスクープ報道したのです（２０２２年2月13日号）。

そこで、１５０人を超える川崎市民が代理人弁護士を通じて２０２２年6月8日に規正法違反で山際元大臣らを横浜地検に告発し、私も告発人に加えていただきました。この告発は、同年7月19日に受理され、その後、告発人の川崎市民はさらに180名ほど増えました（同年9月21日）。

◆寄付分上乗せ「家賃」事件

また、この告発の他に、事務所の家賃事件でも川崎市民と私は告発しました。山際元大臣が支部長の政党支部「自由民主党神奈川県第18選挙区支部」の主たる事務所（川崎市）の所有者は、私設秘書が代表取締役の会社「21世紀（株）」（川崎市）であり、同支部はその事務所を同社から借りており、毎月賃料を支払ってきました。2018年以降に限定しても、同年は月額43万2000円、年518万4000円、2019年は月額月額43万2000円と家賃不足分2万4000円、年520万8000円、2020年は月額44万円、年528万円でした。

これにつき、昨年8月・9月に「山際大臣、統一教会とじっこんの仲の秘書が〝窓口〟に選挙区に居住実態がないことも発覚」（デイリー新潮2022年8月31日）、「山際大臣が岸田政権『更迭第1号』か〝秘書が信者〟疑惑に続き、家賃マネロン疑惑も」（デイリー新潮2022年9月14日）と『週刊新潮』（2022年9月8日号、同月15日号）の各記事が、その事務所の家賃の相場・適正価格は月額20万円前後であると報道したのです。そうすると、家賃の適正価格はせいぜい年240万円ということになりますから、その差額分、2018年は計278万4000円、2019年は計280万8000円、2020年は計288万円が「21世紀（株）」への寄付だったことになります。そうすると、これは公選法が禁

山際大志郎大臣（辞任）に関する横浜地検への私を含む川崎市民の刑事告発

年月日	罪　名	内　容	被告発人	追加告発	受理日処分	検察審査会への審査申立
2022年6月8日	政治資金規正法違反（政治資金パーティー「衆議院議員山際大志郎政経セミナー」不参加分寄付収支報告書不記載罪等）	870人分販売。座席数496、残り374人不参加＝寄付	山際大志郎大臣、資金管理団体「21世紀の政治経済を考える会」会計責任者	9月21日	7月19日。2023年3月8日不起訴	2023年4月27日
2022年10月6日	政治資金規正法違反・公職選挙法違反（2018年～2020年「家賃」収支報告書虚偽記入罪・違法寄付供与罪）	相場との差額847万2,000円寄付金	山際大志郎、「自由民主党神奈川県第18選挙区支部」会計責任者		12月15日。2023年3月8日不起訴	2023年4月27日

止する選挙区内の者への寄付になりますし、収支報告書の支出欄に各寄付の支出を記載しておらず、不記載と虚偽記入をしているので規正法違反にもなります。

その私設秘書は統一協会関係者とも報じられました（前掲デイリー新潮）ので、それが真実であれば統一協会関係の会社に政治資金が違法に寄付されたことになりますし、山際議員がその会社の株をすべて保有しているので、山際議員の会社に政治資金が違法に寄付されたことにもなり、政治資金の私物化になります。

そこで、私を含め１８０名を超える川崎市民が代理人弁護士を通じて２０２２年10月６日に横浜地検に告発したところ、12月15日に受理されたのです。

◆検察審査会に審査申立て

しかし、以上の二つの告発について横浜地検は、今年3月8日にいずれも「嫌疑不十分」で不起訴にしました。私たち全告発人のうちの多く（延べ約290人）は、地検が政権に忖度し結論ありきで捜査し立件を怠ったとして、各不起訴処分につき、4月27日に横浜検察審査会にそれぞれ「起訴相当」議決を求めて審査申立てしました（「山際氏不起訴で審査申し立て」神奈川新聞2023年4月28日）。

二つの申立てのうち、「家賃」事件について横浜第二検察審査会はわずかひと月半後の6月13日に、事務所の貸主に対し寄付金を供与したとの証拠はないとして「不起訴相当」と議決してしまいました。手抜き捜査した検察官の言い訳を鵜呑みにしたのでしょう。残念です。

第2節　寺田稔元大臣らの複数の事件

◆「家賃」不支出事件

「元大臣」に注目すると、総務大臣だった寺田稔衆議院議員に関して「政治とカネ」の複数の事件があります。まず、「家賃」事件です。寺田元大臣が支部長の政党支部「自由民主党広島県第5選挙区支部」と「寺田稔呉後援会」（代表は別人）は、２０１８年分～２０２０年分の各収支報告書によると、主たる事務所の家賃として、寺田元大臣の妻に年間１２０万円ずつ支払っていると記載されていました。

ところが、２０２２年10月3日、『週刊文春』編集部が寺田事務所に、ある質問状を送付すると、大臣秘書官（当時）が電話してきて記者を衆議院第一議員会館（東京都千代田区）に呼び出し、寺田議員の部屋で大臣秘書官は、政治団体の収支報告書やクリップで留められた数十枚に上る銀行振込証明書の入った封筒を持ち、記者に対し「実際、お金のやり取りは無いんですよ。家賃を払っていることになっているんですけど。収支報告書上、入っている形にしているんですよね。」と述べ、人差し指を口元に当て続けて「払ったテイにしているんです」と証言したとスクープ報道したのです（２０２２年10月13日号）。

そこで、私は２０１８年分～２０２０年分の各収支報告書に記載されていた「家賃」（年計２４０万円、3年で７２０万円）は実際には支払われておらず、その記載はいずれも虚偽であり、同額分の真実の支出を記載していなかったとして昨年10月25日に寺田大臣（当時）らを東京地検に告発しました。2021年分収支報告書が同年11月下旬に公表され、同じように「家賃」がそれぞれ120万円（計240万円）記載されていたことを確認したので、同年分も同年12月4日に規正法違反で寺田大臣らを東京地検に告発しました。

◆死去していた会計責任者「宣誓書」事件と運動買収事件

二つ目の事件は、「寺田稔竹原後援会」の会計責任者が2019年10月19日に78歳で死去したにもかかわらず、同年分と2020年分の各収支報告書の「宣誓書」の会計責任者の欄に、故人の氏名が署名され、同人の印章が使用されていた事件です。私は昨年11月2日と同月17日に、有印私文書偽造罪・同行使罪で東京地検に告発し、2021年分も同じだったので同年12月4日に告発しました。

三つ目の事件は運動買収事件です。選挙運動は原則として無償で行われるべきであり、報酬の支払いが許されるのは例外です。ところが、寺田稔氏は2021年10月31日執行の衆院選の広島県5区に自由民主党公認候補として立候補し当選したものの、11名の選挙運動員に対し告示日の同月19日に「労務者報酬」名目で合計6万8100円の金銭を供与していたと『週刊文春』（2022年11月24日号）がスクープ報道したのです。私は公選法違反の運動買収でも2022年11月18日に寺田大臣らを東京地検に告発しました。

以上の各告発は私1人で東京地検に告発したのですが、同年12月14日には広島県呉市民59人が以上

寺田稔元大臣らを東京地検への告発（広島県呉市民らが2022年12月14日に広島地検へ告発）

告発年月日	対　象	罪　名	備　考
2022年10月25日	2018年〜2020年「自由民主党広島県第５選挙区支部」「寺田稔呉後援会」	家賃政治資金収支報告書虚偽記入罪	支払っていない「家賃」名目額計720万円
2022年11月2日	「竹原後援会」2019年・2020年	有印私文書偽造・同行使罪、死亡会計責任者収支報告書虚偽記入罪	
2022年11月18日	2021年総選挙	運動買収罪・選挙運動費用収支報告書虚偽記入罪、予備的告発（領収書不添付罪）	11名の選挙運動者に計6万8,100円供与。106万842円虚偽記入
2022年12月4日	2021年「自由民主党広島県第５選挙区支部」「寺田稔呉後援会」	家賃政治資金収支報告書虚偽記入罪	支払っていない「家賃」名目額計240万円
2022年12月4日	「竹原後援会」2021年	有印私文書偽造・同行使罪、死亡会計責任者収支報告書虚偽記入罪	

の各告発を広島地検に行ないました（「市民有志が寺田氏を告発　収支報告書問題など」中国新聞２０２２年12月14日10時58分、「地元市民ら59人、寺田前総務相告発　公選法違反疑いなど」朝日新聞２０２２年12月15日10時15分）。

第3節　秋葉元大臣、細田衆院議長らの運動買収事件

◆秋葉賢也元大臣の運動買収事件

「元大臣の運動買収事件」と言えば、秋葉賢也元大臣の場合があります。秋葉賢也氏も、２０２１年衆議院議員総選挙の宮城県２区に自由民主党公認候補として、かつ東北ブロックに同党比例代表名簿登載者として重複立候補し、秋葉氏とその妻は、選挙運動員であった公設第一秘書に対し同選挙執行後の11月８日に「人件費」名目で12万円の報酬を、選挙運動員であった公設第二秘書に対し同選挙執行後の11月９日に「人件費」名目で８万円の報酬を、それぞれ支払っていたと『ＦＲＩＤＡＹ』がスクープ報道しました（「秋葉復興相のうぐいす嬢が証言『秘書は選挙カーに乗っていない』」ＦＲＩＤＡＹデジタル２０２２年11月28日17時35分）。

そこで、私は、２０２２年12月５日に秋葉元大臣と妻を運動買収罪で、２人の公設秘書を公選法違反の被買収罪で仙台地検に告発しました。

◆細田博之衆議院議長の運動買収事件

「運動買収」という点でいえば、細田博之衆議院議長らの運動買収事件が先に発覚していました。細田博之氏も、２０２１年衆議院議員総選挙の島根県１区に自由民主党公認候補として、告示日の同年10月19日に「労務費」名目で16人の地元議員・元議員の選挙運動者に合計９万７７００円を支払っ

ていたことを、昨年6月に『週刊文春』（2022年6月16日号）がスクープ報道したのです。そこで、私は、2022年8月2日に細田議長と出納責任者を運動買収罪（公選法違反）で松江地検に告発しました。

◆自見花子参議院議員運動買収事件

2022年7月10日執行の参議院通常選挙でも自民党の自見花子比例代表候補の運動買収事件が発覚しました。スクープ報道したのは、同年末に発売された『週刊新潮』（2023年1月5・12日新年特大号）。選挙コンサルタント会社は「自見はなこ事務所」に対し「参院選期間中サポート」料金として何と589万1663円という高額の請求をしていたのですが、その支払いを自見花子候補の選挙運動費用収支報告書に記載していなかったのです。「参院選期間中サポート」料金の内訳は動画制作などで、同社は別に「参院選振り返りレポート」（2022年7月）を作成し、「狙い」「戦略」「プロジェクト結果」「今後」についてまとめていたのです。

選挙運動費用収支報告書に同社への支払いを記載しなかったのは、選挙コンサルタント会社が行なった「参院選期間中サポート」が選挙運動の企画立案であり、同社に支払った料金が589万円超と高額だったのは、同社の選挙運動への報酬だったからでしょう。

「自見はなこ事務所」は、その取材を受けて年末と年始に選挙運動費用収支報告書を訂正していました。私が自見花子候補の選挙運動費用収支報告書と選挙コンサルタント会社の発行した領収書の写しを情報公開請求したところ、開示された領収書の宛名は、自見花子参議院議員の資金管理団体であ

秋葉賢也元大臣、細田博之衆院議長、自見花子参院議員の運動買収事件とその告発

告発年月日	地検	罪名	備考	被告発人
2022年 8月2日	松江	2021年衆議院総選挙運動買収罪	16名の現市議・町議・元市議・町議に計9万7,700円	細田博之 出納責任者
2022年 12月5日	仙台	2021年衆議院総選挙運動買収罪・被買収罪	計20万円	秋葉賢也、配偶者 公設第一秘書 公設第二秘書
2023年 5月29日	東京	2022年参議院通常選挙運動買収罪・被買収罪	589万1,663円	自見英子 出納責任者 選挙コンサルタント会社社長

る「ひまわり会」（その会計責任者は出納責任者と同一人物）であり、但し書きには「参院選期間中サポート」ではなく「動画作成費用として」と明記されており、開示された選挙運動費用収支報告書には「ひまわり会」から589万1663円の寄付を受け、選挙コンサルタント会社に同額を支払ったと訂正されていたのです。運動買収とバレないようにするために「ひまわり会」の2022年における選挙運動ではなく政治活動のための「動画作成費用」だったと弁明する予定だったのでしょうが、『週刊新潮』が取材したので、慌てて訂正したのでしょう。

そこで、私は、今年5月29日に、自見花子参議院議員とその出納責任者を運動買収罪、選挙運動費用収支報告書虚偽記入罪（いずれも公選法違反）で、選挙コンサルタント会社社長を被買収罪で、それぞれ刑事告発するために東京地検に告発状を郵送したのです。

第4節　自民党京都府連のマネーロンダリング運動買収事件

◆買収のためのマネーロンダリング

「運動買収」の中でも、組織的で悪質極まりない事件もありました。少し詳しく紹介しましょう。京都府内の選挙区から出馬した複数の自民党国会議員がこれまでの衆参の国政選挙において総額1億円を超える選挙買収を行なっていたことが、ジャーナリスト赤石晋一郎氏と文藝春秋取材班の取材で明らかとなったと報道されました（赤石晋一郎・文藝春秋取材班「自民党『爆弾男』を告発する　元自民党職員・議員が明かす。1億円超「選挙買収」の実態。」文藝春秋ｄｉｇｉｔａｌ２０２２年2月9日10時、など、『文藝春秋』２０２２年3月号）。

２０１４年に自民党京都府支部連合会（京都府連）の事務局長が交代する際に作成された京都府連の「引継書」には、次のように各立候補者の原資により「買収」目的で京都府議や京都市議に活動費を交付すると明記されていたのです。

「選対会議の開催と併せて、その会議の後には、各候補者からの原資による活動費を府議会議員、京都市会議員に交付しなければなりません。／この世界、どうして『お金！』『お金！』なのかは分かりませんが、選挙の都度、応援、支援してくれる府議会議員、京都市議会議員には、活動費として交付するシステムとなっているのです。／活動費は、議員1人につき50万円です。候補者が京都府連に寄付し、それを原資として府連が各議員に交付するのです。本当に回りくどいシステムなのですが、候補者がダイレクトに議員に交付すれば、公職選挙法上は買収と言うことになりますので、京都

自民党京都府支部連合会が受領した寄付金（収入）			国政選挙
寄付した自民党支部・政治団体の名称	受領寄付金	受領年月日	
自民党京都府第２選挙区支部（代表・上中康司）	400万円	2012年11月22日	2012年11月16日衆議院解散 12月４日公示 同月16日衆院選
自民党京都府第５選挙区支部（代表・谷垣禎一）	250万円	2012年11月22日	
自民党京都府第４選挙区支部（代表・田中英之）	450万円	2012年11月28日	
自民党京都府第６選挙区支部（代表・安藤裕）	250万円	2012年11月30日	
自民党京都府第３選挙区支部（代表・宮崎謙介）	400万円	2012年12月３日	
明風会（伊吹文明）	650万円	2012年11月25日	
自民党京都府参議院選挙区第４支部（代表・西田昌司）	1,470万円	2012年12月20日	2013年7月21日 参院選
自民党京都府参議院選挙区第４支部（代表・西田昌司）	980万円	2013年５月15日	
自民党京都府第２選挙区支部（代表・上中康司）	400万円	2014年11月26日	2014年11月21日衆議院解散 12月２日公示 同月14日衆院選
自民党京都府第３選挙区支部（代表・宮崎謙介）	400万円	2014年11月28日	
自民党京都府第４選挙区支部（代表・田中英之）	450万円	2014年11月27日	
自民党京都府第５選挙区支部（代表・谷垣禎一）	250万円	2014年11月28日	
自民党京都府第６選挙区支部（代表・安藤裕）	300万円	2014年11月27日	
明風会（代表・伊吹文明）	750万円	2014年11月26日	
新政経懇話会（二之湯智）	1,440万円	2015年10月２日	2016年7月10日 参院選
自民党京都府参議院京都選挙区第３支部（二之湯智）	960万円	2016年４月27日	
自民党京都府第３選挙区支部（代表・木村弥生）	350万円	2017年９月27日	2017年9月28日 衆議院解散 10月10日公示 同月22日衆院選
自民党京都府第４選挙区支部（代表・田中英之）	500万円	2017年９月28日	
自民党京都府第２選挙区支部（代表・繁本護）	400万円	2017年９月29日	
自民党京都府第６選挙区支部（代表・安藤裕）	300万円	2017年９月29日	
自民党京都府第５選挙区支部（代表・本田太郎）	200万円	2017年10月６日	
明風会（伊吹文明）	700万円	2017年９月30日	
自民党参議院京都選挙区第四支部（代表・西田昌司）	1,650万円	2018年12月３日	2019年7月21日 参院選
自民党京都府参議院選挙区第四支部（代表・西田昌司）	1,020万円	2019年５月31日	

府連から交付することとし、いわばマネーロンダリングをするのです」

これによると立候補者のカネで選挙運動を行なってもらうために京都府連をトンネルにしてカネが地元議員らに渡されるというスキームであり、運動買収の隠蔽工作が明記されていたのです。参議院選挙については、任期満了しか行われないので選挙の時期はわかっていますから、1人50万円は2回(20万円と30万円)に分けて上記のスキームで立候補者から地元議員らへと渡されていたというのです。衆参の以上のことは、過去の収支報告書の記載でそれぞれ確認できました。

◆研究者10名で刑事告発

そこで私は、西田昌司氏が立候補し当選した2019年7月の参議院議員通常選挙(同月4日公示、同月21日投票)における運動買収罪で西田参議院議員と府連会長の二之湯智参議院議員を、2019年6月に府議・市議計51名に対しそれぞれ計220万円(買収資金合計1020万円)を供与したとして被買収罪で告発することにし(2018年12月計55名に対し各30万円、計1650万円を供与した分については時効完成のため告発の対象から除外)、被買収罪では、京都府連の幹事長ら4名に限定して告発することにしました。告発状を完成させ2022年3月12日に京都地検に送付し、知り合いの研究者に呼びかけたところ、9名ほどが告発してくださいました。

もっとも、買収事件の公訴時効は買収(2019年6月)から3年なので3カ月後(2022年6月)には時効が完成してしまいます。「地検が十分捜査する日数がないので、時効完成で不起訴処分が出るとマネーロンダリングしても買収にはならないとの誤解が生じてしまい、それでは拙い」との助言を受けたので、私たちは告発を取り下げることにしました。

とはいえ、私は、私たちの告発の前の2月28日に京都の弁護士さん20名が２０１９年参院選の買収・被買収だけではなく２０２１年衆院選の買収・被買収も告発されていたことを思い出し（「自民京都のマネロン問題、西田議員ら59人を告発『民主主義ゆがめた』」京都新聞２０２２年２月28日17時７分）、急遽、２０２１年分運動買収について告発することにしたのです。

もっとも、当時はまだ、２０２１年分収支報告書は公表されていませんでしたので、地元議員が１人50万円51名で買収合計額は計２５５０万円だったと推定するしかありませんでした。そして当時でも判明している６名の立候補者（勝目康、繁本護、木村弥生、田中英之、本田太郎、清水鴻一郎）、京都府連会長の西田昌司参議院議員を運動買収罪で、51名（推定）を被買収罪で、それぞれ被告発人とする告発状を作成しました。そして、２０２２年３月16日に京都地検に告発状を送付し、研究者９名にも告発を呼び掛けました。

同年11月末、２０２１年分収支報告書が京都府選管及び総務省の各ＷＥＢサイトでそれぞれインターネット公表されたので、50万円を受領した府議・市議の人数を確認したところ、51名ではなく53名で、買収総額は２６５０万円（１区７５０万円、２区４００万円、３区３５０万円、４区５５０万円、５区と６区は各３００万円）だったと判明したのです（赤石晋一郎「新証拠　自民党京都府連が昨年も〝2度選挙買収〟していた」文藝春秋デジタル２０２２年12月２日）。そこで、２０２２年３月16付告発状について

衆議院立候補者6名の政党支部・政治団体及び自民党支部連合会の各政治資金収支報告書の記載

政党支部または政治団体の名称	寄付金	寄付の年月日
自民党京都府第1選挙区支部（勝目康）	750万円	2021年9月6日
繁本まもるを育てる会（繁本護）	400万円	2021年9月6日、7日、8日
自民党京都府第3選挙区（木村弥生）	350万円	2021年8月31日
自民党京都府第4選挙区（田中英之）	550万円	2021年8月19日
自民党京都府第5選挙区支部（本田太郎）	300万円	2021年10月7日
自民党京都府第6選挙区支部（清水鴻一郎）	300万円	2021年9月3日
	2,650万円	

最低限の補正書・補充書を作成して、同年12月8日に京都地検に送付したのです。

第5節　市民による告発運動の秘めた可能性

以上、近年の刑事告発に限定して紹介しましたが、それでも、紹介したのは私が近年告発したものの半分程度です。とはいえ、政治資金に関する閣僚・議員の体質・病理を改めて確認していただけたのではないでしょうか。また、企業献金が許容され、政党助成金（公金）が存在する中で極めて異常な事件が発覚し続け、議会制民主主義が掘り崩され続けていることをお伝えできたのではないかとも思っています。

◆「政治とカネ」事件を追及する市民の告発運動

そもそも選挙制度も政治資金制度なども議会制民主主義に反する状態だからこそ、政党・議員らは簡単に「政治とカネ」問題・事件も引き起こしてきたわけです。私が告発し続けている「政治とカネ」事件は、すでに説明しましたのでお分かりいただけると思いますが、〝議会制民主主義が存在していない〟中で起こっている、と認識すべきであるというのが私の見方なのです。

ですから、憲法研究者である私は、従来の憲法運動や市民運動だけではなく、政治資金オンブズマンの結成に参加し、大臣・議員らの「政治とカネ」事件をあえて刑事告発してきたのです。言い換えれば、議会制民主主義の下ではなく、非議会制民主主義の下で起きた「政治とカネ」問題・事件だと考えるからこそ、私は新たな運動として刑事告発してきたのです（上脇『告発！政治とカネ　政党助成金20年、腐敗の深層』かもがわ出版・2015年、同『追及！安倍自民党・内閣と小池都知事の「政治とカネ」疑惑』（日本機関紙出版センター・

2016年。維新の「政治とカネ」問題については、上脇博之『日本維新の会の「政治とカネ」「身を切る改革」の正体を暴く』日本機関紙出版センター・2022年）。

「政治とカネ」事件の刑事告発運動は、これまで政治資金オンブズマン共同代表の阪口徳雄弁護士の尽力の下、私の知り合いの研究者に呼びかけて告発を何度もやってきました。近年における告発人は多くても10名~20名程度でしたが、それが次第に市民運動として広がり始めています。

「安倍晋三後援会」主催の「桜を見る会前夜祭」の収支の不記載及び選挙区内の者への寄付（政治資金規正法違反・公職選挙法違反）の第1次刑事告発では弁護士・研究者977名が告発しました。告発人は法律の専門家でした。

河井克行・案里議員夫妻の2019年参議院選の広島選挙区における車上運動員および地元議員ら100名買収事件（公職選挙法違反）の刑事告発では私たち研究者とは別に広島市民561名が広島地検に告発されました。被買収側も告発され、その運動はまだまだ続いています（河井疑惑をただす会・上脇博之『だまっとれん 河井疑惑 まだ終わっていない』日本機関紙出版センター・2020年）。その影響もあり、前述したように、寺田稔元大臣の複数の政治資金規正法・公職選挙法違反では広島県呉市民59名が告発されました。

また、前述した山際大志郎元大臣の資金管理団体の政治資金パーティーに関する（寄付収入の）不記載・虚偽記入（政治資金規正法違反）では、広島の河井告発運動に刺激を受けた川崎市民337名（第1次は156名、第2次は181名）が告発され、山際大臣の政党支部の高額「家賃」に関する（寄付支出の）不記載・虚偽記入（政治資金規正法違反）では川崎市民186名が告発されました。

◆刑事告発にとっての課題とその克服を！

もちろん、私以外でも刑事告発は行われており、私が参加していない刑事告発があります。まだまだ全国的に広がっているわけではありませんが、多くの市民が「政治とカネ」事件を追及するために立ち上がり、市民の告発運動が大きく成長し野党共闘にも刺激を与える可能性を秘めています（野党共闘については、冨田宏治・上脇博之・石川康宏『いまこそ、野党連合政権を！　～真実とやさしさ、そして希望の政治を』日本機関紙出版センター・2020年）。

もっとも、多くの市民が政治告発するのには課題があることも事実です。「政治とカネ」事件については、収支報告書という客観的な証拠があるという強みがあると指摘しましたが、国民の間に収支報告書をチェックする習慣がないため収支報告書を分析する経験が皆無に近いでしょう。それゆえ、積極的に「政治とカネ」事件を発見することが事実上難しいのです。ある方に、そう言われました。正直なご意見だと思います。しかし、積極的に「政治とカネ」事件を発見しなくても、報道機関のスクープ報道があれば、事件を発見できます。それに基づいて刑事告発すれば良いのです。

とはいえ、報道された事件について収支報告書をチェックして確認することも難しいのでしょうから、そのチェックは収支報告書の分析経験あるいはその能力のある方々にご相談いただければよいのです。地元の弁護士さんなど法律の専門家にご協力いただくのが良いでしょう。法律の専門家の協力さえあれば多くの市民も安心して刑事告発に参加できます。

市民の告発運動は、憲法改悪を目論見、暴走する権力者の犯罪容疑につき責任追及する運動です。特定政党のためではなく主権者国民全体のための運動です。大臣や衆参国会議員、都道府県知事、市町村長、地方議会の議員の「政治とカネ」事件を追及する運動が全国津々浦々で大きく展開される日を願っています。告発運動は市民運動の一つにすぎませんが、それが政治・行政の暴走を食い止め、さらには、違憲の法制度を改正して議会制民主主義を確立する運動へと発展すると信じているからです。

全国の皆さん、是非とも地元選出の政治家の悪質な「政治とカネ」事件の刑事告発に立ち上がってみてください。

おわりに

紹介するに値するかどうかわかりませんが、私の生い立ちから書きました。理論的には日本国憲法が要請している議会制民主主義について憲法学のこれまでの議論状況を踏まえて私見を詳述しました。ご理解いただけましたでしょうか。日本国憲法は議会制民主主義でも、現行の法律は議会制民主主義ではないから、政権・自公与党は報道機関の積極的または消極的支援報道のお陰もあって簡単に暴走でき、「政治とカネ」事件を引き起こしてきたのです。大阪では与党の日本維新の会・大阪維新の会も同様です。

私がこれまで行なってきた裁判の提起や検察庁への刑事告発は本書で説明したように専門家である弁護士さんのご尽力・ご協力によるものです。だからこそ専門外の私も安心して原告や告発人になれたのです。代理人になってくださった多くの弁護士の皆さんに、心より厚くお礼を申し上げます。ありがとうございました。

私が提訴や刑事告発をフェイスブック等ＳＮＳでご紹介すると、読んでくださった方々から「元気が出ました」「諦めないことが重要ですね」「奮闘に敬意を表します」等の趣旨の予想もしなかった反応があることに驚くと同時に感激し、逆に元気づけられもしました。奮闘への称賛をいただいた場合、その称賛を受けるべきなのは、私ではなく、実際に奮闘してくださった弁護団です。弁護団の多くの弁護士さんにお伝えしたいと思いましたし、全国民の皆さんにも知っていただきたいと思いました。

また、特に刑事告発では、私1人が告発人になる場合もありますが、その多くは、私と一緒に告発人になってくださった方々がいます。そのほとんどは全国の知り合いの研究者の皆さんです。憲法研究者が一番多いのですが、憲法研究者以外の研究者の方もおられます。私の呼びかけに応じて告発人になってくださった研究者の方々がおられることに、とても心強く思ってきました。告発人名簿は公表してきませんでしたので、ここでお一人おひとりのお名前を明記しませんが、この場を借りて厚くお礼申しあげます。ありがとうございました。

私の65年の人生を振り返れば、1人で判断・行動して後悔や反省したことは多々ありますが、貴重な出会いのお陰で、提訴や刑事告発という新たな市民運動に参加でき、私1人ではできないことを体験させてもらってきました。従来の市民運動でも、そうでしょうが、提訴や刑事告発の市民運動に参加して改めて、そう強く思っています。皆さん、本書を一読していただき、その思いを共有していただき、地元の政治家の刑事告発へと一歩踏み出していただければ幸いです。

最後になりましたが、これまでのブックレット及び本書の出版のお誘いを頂戴した日本機関紙出版センターの丸尾忠義さんに厚くお礼申し上げます。ありがとうございました。

2023年7月11日

【著者紹介】

上脇　博之（かみわき　ひろし）

1958年7月、鹿児島県姶良郡隼人町（現在の霧島市隼人町）生まれ。鹿児島県立加治木高等学校卒業。関西大学法学部卒業。神戸大学大学院法学研究科博士課程後期課程単位取得。日本学術振興会特別研究員（PD）、北九州市立大学法学部講師・助教授・教授を経て、2004年から神戸学院大学大学院実務法学研究科教授、2015年から同大学法学部教授。

専門は憲法学。2000年に博士（法学）号を取得（神戸大学）。

憲法運動、市民運動の分野に参加しながら現在、憲法改悪阻止兵庫県各界連絡会議（兵庫県憲法会議）幹事「政治資金オンブズマン」共同代表、公益財団法人「政治資金センター」理事など。
◆研究書・単著
『政党国家論と憲法学』（信山社、1999 年）
『政党助成法の憲法問題』（日本評論社、1999 年）
『政党国家論と国民代表論の憲法問題』（日本評論社、2005 年）
◆共著
播磨信義・上脇博之・木下智史・脇田吉隆・渡辺洋編著『新どうなっている!?　日本国憲法〔第2 版〕〔第3版〕』（法律文化社、2009 年、2016 年）など。
◆一般向けブックレット（近年のもの）
『日本国憲法の真価と改憲論の正体』（日本機関紙出版センター、2017 年）
『ここまできた小選挙区制の弊害』（あけび書房、2018）
『内閣官房長官の裏金』（日本機関紙出版センター、2018年）
『安倍「4 項目」改憲の建前と本音』（同、2018年）
『忘れない、許さない！ 安倍政権の事件・疑惑総決算とその終焉』（かもがわ出版、2020年）など。
『政党助成金、まだ続けますか？』（日本機関紙出版センター、2021年）
河井疑惑をただす会・上脇博之『だまっとれん　河井疑惑　まだ終わっていない』（同、2022年）
『日本維新の会の「政治とカネ」』（同、2022年）
『憲法の破壊者たち』（同、2022年）
◆一般向け共著
坂本修・小沢隆一・上脇博之『国会議員定数削減と私たちの選択』（新日本出版社、2011 年）。

冨田宏治・石川康宏・上脇博之『いまこそ、野党連合政権を！』（日本機関紙出版センター、2020年）

なぜ「政治とカネ」を告発し続けるのか
議会制民主主義の実現を求めて

2024年 4月10日　初版第2刷発行

著者　上脇博之
発行者　坂手崇保
発行所　日本機関紙出版センター
〒553-0006　大阪市福島区吉野3-2-35
TEL 06-6465-1254　FAX 06-6465-1255
http://kikanshi-book.com/　hon@nike.eonet.ne.jp
本文組版　Third
編集　丸尾忠義
印刷・製本　日本機関紙出版センター

ISBN 978-4-88900-283-6

日本機関紙出版の好評書

上脇博之／著

日本維新の会の「政治とカネ」

「身を切る改革」の正体を暴く

日本維新の会は「身を切る政党」と豪語しているが、実はそれとは真逆の政党として誕生した――つまり政党助成交付金の残金の脱法的な国庫返還逃れをした議員らで結成された政党、すなわち「身を肥やして誕生した政党」としてスタートしたのだ！

四六判 ソフトカバー 162頁 定価1430円

日本機関紙出版
〒553-0006　大阪市福島区吉野3-2-35
TEL06(6465)1254　FAX06(6465)1255

政党助成金、まだ続けますか？

安倍自民党本部主導選挙・河井議員夫妻「1億5千万円買収事件」から

「政治とカネ」の専門家
上脇 博之・著

事件の原資のほとんどは政党助成金という国民の税金！　買収を主導した安倍・菅・二階ら自民党本部は、未だに何の説明責任も果たさない。政党助成金は、26年前から「政治腐敗防止」を表向きの理由に、毎年320億円が消費されてきたが、「政治とカネ」の問題は一向に無くならない。コロナ禍の下、こんな税金の象徴的無駄遣いは、もういい加減に止めるべきではないか？

A5判 ソフトカバー146頁 本体1200円

日本機関紙出版
〒553-0006　大阪市福島区吉野3-2-35
TEL06(6465)1254　FAX06(6465)1255

だまっとれん

河井疑惑 まだ終わっていない

全国を驚かせた大買収事件の地元広島で、「何もしなくていいのか」「うやむやにはさせない」と疑惑解明に立ちあがった市民たちの熱きドキュメント。561人が刑事告発人になり、有罪判決、野党統一候補の勝利、被買収者を「起訴相当」・辞職ドミノへとつなげ、残された課題の解明を願う！

河井疑惑をただす会・上脇博之／共著
全国革新懇代表世話人
石川康宏氏推薦！

A5判 ソフトカバー 144頁 定価1430円

日本機関紙出版
〒553-0006　大阪市福島区吉野3-2-35
TEL06(6465)1254　FAX06(6465)1255

憲法の破壊者たち

自民・国民・維新・勝共・日本会議の改憲案を検証する

国会で改憲勢力が3分の2を占めた今、憲法9条改憲がアメリカの要求であり、反社会的団体の要求である事実も直視して、改憲政党が提案する改憲の問題性・危険性を冷静に確認する必要がある。

上脇博之

A5判 ソフトカバー 196頁 定価1540円

日本機関紙出版
〒553-0006　大阪市福島区吉野3-2-35
TEL06(6465)1254　FAX06(6465)1255

内閣官房長官の裏金

機密費の扉をこじ開けた4183日の闘い

上脇博之
A5判140頁
本体1200円

原資が税金なのに使途が一切明らかにされなかった「官房機密費」の闇がついに明かされた！　国会対策、選挙対策、首相や議員の外遊、パーティー券、政治評論家への付届け、そしてマスコミ対策など、領収書不要の裏金約12億円（年間）は必要なものなのか？　「機密だから仕方がない」ではもうすまされない！

日本機関紙出版
〒553-0006　大阪市福島区吉野3-2-35
TEL06(6465)1254　FAX06(6465)1255

買収政治の構図に迫る

財界主権国家・ニッポン

上脇博之　本体1200円

「世界で一番企業が活動しやすい国」を掲げる安倍政権の下、経団連は政党への政治献金と政策評価を実施していくことを発表。国民主権はますます形骸化され、事実上の財界主権が進行していく。

誰も言わない政党助成金の闇

上脇博之　本体1000円

ゼロからわかる政治とカネ

上脇博之　本体933円

日本機関紙出版
〒553-0006　大阪市福島区吉野3-2-35
TEL06(6465)1254　FAX06(6465)1255